# 唐宋詞

이경규

제이앤씨
Publishing Corporation

## 〈일러두기〉

본서는 Ⅰ부 창작과 감상의 어려움에 대하여 Ⅱ쿠 사(詞)에 대한 이해 Ⅲ부 당(唐) 오대(五代)의 사(詞) Ⅳ부 송사(宋詞)의 순으로 구성하였다. Ⅰ부와 Ⅱ부에서는 독자들의 이해를 돕기 위하여 시사(詩詞)에 대한 감상의 태도와 일반적인 지식을 설명하고 Ⅲ부와 Ⅳ부에서는 당(唐) 오대(五代)와 송대의 유명한 사인들의 작품들을 감상하였다. 특히 사의 시조(始祖) 문제와 초기 사단의 중요 사인들에 대하여는 서로의 작품들을 비교하여 보다 상세하게 기술하였다.

원래 시와 사는 서정(抒情)을 표현하는 대표적인 문학 장르로 이들은 운문이란 하나의 뿌리에서 나왔으며 시를 이해하면 사를 이해하기가 쉽다. 그러므로 본서에서는 사를 설명하면서 유명한 시를 인용하여 사인(詞人)들이 의도한 내용을 설명하였고 중요한 작품들은 모두 자구에 주를 달고 해석을 하였다.

감상의 편의를 위하여 사패(詞牌)와 시의 제목은「 」부호를 사용하여 구별하였고 인용한 도서는 『 』부호를 사용하여 표기하였다. 또한 중요 작가들에 대하여 간략한 생평과 문단에서의 위치를 부가 설명하여 작품의 이해를 돕도록 하였다. 아울러 한자에 익숙하지 않은 세대들을 위하여 처음 나오는 고유명사나 어려운 한자는 한글과 한자를 병기하여 기록하였다.

본서를 통하여 중국 당송사(唐宋詞)라는 시가문학이 주는 아름다움의 세계를 이해하고 한 걸음 더 깊이 중국인의 정서를 이해할 수 있기를 바란다.

〈차례〉

# *1*
# 창작과
# 감상의
# 어려움에
# 대하여

　외국의 문학작품을 이해하는 것은 결코 쉬운 일이 아니다. 그것은 독자의 입장에서 창작과 감상이라는 두 가지 문제를 동시에 해결해야하기 때문이다. 더욱이 시대가 오래된 작품을 감상할수록 현재의 언어와 감정으로 느낄 수 있는 한계가 심한 것 같다.

　중국 고대 문학작품의 주류를 이루는 시(詩) 사(詞)에 대한 창작과 감상 역시 중국의 고대 학자들도 많은 고민을 했던 것 같다. 다음에 그들이 했던 고민을 창작과 감상으로 나누어 살펴보자.

 창작에 관하여

　　시(詩)가 사람들에게 말해줄 수 있는 것은 단지 표면적인 법도일 뿐이다. 그러나 그 시가 아름다운지 그렇지 않은 지는 법도와 무관하다. 그것은 오직 개인의 주관적인 체험에 달려 있다고 할 수 있다.

　　『좌전(左傳)』 양공(襄公) 25년(B.C 548)에 다음과 같이 말했다.

　　"말로써 뜻을 이루고 글로써 말을 이룬다고 했으니 말을 하지 않으면 그 뜻을 누가 알 수 있는가? 말을 하되 꾸밈이 없다면 유행하기는 하나 멀리 퍼질 수는 없다. (言以足志文以足言, 不言誰知其志? 言而不文, 行之不遠.)"

　　본래 글이란 언어를 꾸미는 것이고 여기서 발전하여 문사를 수식하는 것을 의미했다. 또 그 의미가 더욱 확대되어 종이에 글을 쓰지 않으면 멀리 전할 수 없음이 명백하게 되었다.

　　『역(易) 계사(繫辭)』에도 다음과 같이 말했다.

　　"말로 다할 수 없는 바를 글로 쓰고 역시 다함이 없는 뜻을 말한다." (書不盡言, 言不盡意. : 孔子)

　　소위 지(志)나 의(意)는 인간의 마음속에 가지고 있는 사상과 정감을 가리킨다. 이 두 가지는 정교하여 그 깊이를 알 수 없다. 이와 같이 언어를 적절하고 분명하게 잘 사용하는 것은 결코 쉽지 않다. 그 때문에 말하고자 하는 것을 문자로 나타낸다. 그러나 문자로 표기할 때는 반드시 사물에 의탁하여 그 원래의 의미를 표현한다.  하지만 이 역시 처음에 마음 먹은 의미의 완전함이나 자연스러움 등과 거리가 있을 수 있다. 그러니 문자(文字)를 어떻게 사용하면 말을 충분히 표현[足言]할 수 있으며 사람의 생각을 충분히 표현[足志]할 수 있을까? 예를 들어 자연을 보고 그중에 한 경치만을 취하고 만물을 남겨두면 그것은 유한한 것으로 무한한 것을 표현하는 것이며 유형으로 무형을 나타내는 것이다. 문사도 이와 같아서 그 글 외에 무한한 의지와 형상이 있다. 그러므로 문사는 빠진 것을 메울 수 있고 또한 창작의 임무를 다할 수 있는 것이다.

 ## 2  감상에 관하여

감상도 역시 어렵다. 『문심조룡(文心調龍) 知音』에서 말하기를 :

"지음이란 얼마나 어려운가! 음은 정말로 이해하기 어렵고 지음을 만나는 것은 결코 쉽지 않다. 지음을 만나는 것은 천년에 한번 정도이다.(知音其難哉. 音實難知, 知其難逢, 得其知音 千載其一乎!)" 라고 했다.

『장자(莊子) 제물편(齊物篇)』에서 말하기를 :

"만세 뒤에 위대한 성인을 만나 그 뜻을 알게만 된다면 그렇더라도 일찍 아는 것이다.(萬世之後, 一遇大聖, 知其解者, 是旦暮遇之也.)" 라고 했다.

　　그리고 漢나라 송옥(宋玉)이 『文選・宋玉對楚王問』에서 말하기를
"그 노래는 곡조가 너무 높아서 노래를 할 수 있는 사람이 거의 없는
것입니다.(其曲彌高, 其和彌寡.(「對楚王問」))"라고 했다.

　　이상의 모든 말들은 고인들이 창작과 감상의 어려움을 나타내는 증거라
고 하겠다. 그러므로 작가의 작품을 읽는 사람들은 항상 작품을 상상적으
로 자신의 의지로 너무 주관적으로 이해하기 보다는 객관적으로 글자의
의미를 파악하고 작품을 작가의 인생과 연결지어 이해하는 것이 중요하다.

# 사(詞)에 대한 이해

## ① 사(詞)의 기원

　사(詞)는 중국 시가문학의 일종으로 중당(中唐) 이후에 새로 발생한 시체(詩體)이다. 그러므로 당시 사람들은 사를 시여(詩餘) 혹은 장단구(長短句)라고도 불렀다. 원래는 악기의 반주에 맞추어 노래를 불렀으나 훗날 사를 반주하던 음악이 실전(失傳)되었고 문자만 남았다. 이런 문자는 마치 시와 같이 고정 형식의 문자만 남게 된 것이다. 할 수 없이 후인들은 남아 있는 고정 형식의 문자에 따라 노래를 부를 수 없는 가곡을 지었고 단지 문자상으로 가사를 감상하면서 일종의 낭송형식의 문학이 되었다. 그러므로 우리는 사를 음악성과 규율성을 갖춘 운문(韻文)이라고 할 수 있다.

　사의 기원에 대하여 많은 학자들이 연구를 하였다. 여기서는 민가의 발전과 사의 발전, 음악의 변천 등을 고려하여 다음에 종합적으로 정리하여 소개한다.

## (1) 시여설(詩餘說) : 사는 시가 변한 것이다.

사는 시에서 변화한 것이므로 시여(詩餘)라고 부른다. 중국의 고전시가는 고체시의 최초 형식이 『시경(詩經)』에 근원을 두기 때문이다. 주나라부터 한나라 이후까지 비교적 완전한 5·7언 시와 장언체의 악부시가 있었다. 당나라에 들어 근체시가 발전하였고 당시 작가들은 이런 시의 형식들이 이미 발전의 마지막 단계에 이르렀음을 느꼈다. 그러므로 새로운 형식의 시체를 다양하게 창작하려고 했고 제언(齊言)의 형식에서부터 자유로운 형식의 시가를 만들었다. 그러므로 장단구(長短句)라는 새로운 형식의 시체가 출현하게 되었다. 이것은 시체(詩體)의 변화 결과이므로 사람들은 이것을 시여(詩餘)라고 불렀다.

시여설은 다시 시경(詩經)설과 절구(絕句)설의 두 가지로 나뉜다. 『시경』은 중국의 주나라 때에 완성된 것으로 만약 사가 시경설에 근원을 둔다면 중당 이후에 발전한 사의 형식과는 너무 거리가 멀다. 혹자는 절구설을 주장한다. 차라리 이 주장이 시경설보다는 믿음직하다. 청나라 강희(康熙) 때에 『전당시(全唐詩)』를 편찬하면서 사부(詞部)에 주를 달아 말하기를 "당나라 악부는 원래 율시와 절구 등의 시에 잡언의 화성을 더하여 노래를 불렀고 화성을 실사(實辭)로 채워 그 구를 장단구로 만들었으며 곡조와 박자에 맞추어서 사를 지었다.(唐人樂府原用律絕等詩雜和聲歌之, 其幷和聲作實字, 長短其句, 以就曲拍子, 爲塡詞.)"라고 했다.

주희(朱熹)는 "고악부는 시 중간에 범성(泛聲)을 많이 첨가하였다. 후인들이 이런 범성이 유실될 것을 염려하여 실사로 범성을 채웠고 이것이 장단구가 되었고 바로 오늘날의 곡자이다.(朱熹說古樂府只是

詩中間添卻許多泛聲. 後人怕失了那些泛聲, 逐一添個實字, 遂成
長短句, 今曲子便是.)"라고 했다.

이로부터 우리는 사와 악부의 관계를 알 수 있다.

호적(胡適)은 사의 기원설에 관하여 "장단구의 발생은 자연히 음악과
밀접한 관계가 있다. 당인의 가사들은 대부분 제언의 율시와 절구들이었
으나 곡조는 가지런할 필요가 없었고 오히려 신축이 자유로웠다. 제언의
시구를 길이가 자유로운 곡조에 맞추기 위하여 악공들은 변화를 주었다.
이것은 악공들의 일로 시인과는 무관했다. 장단구가 발생하자 곡조와
노래 가사가 근접하게 되었다. 음률을 잘 아는 시인이 음악의 영향을
받아 제언의 시구들이 노래를 부르기에 적당하지 않은 것을 알게 되었고
장단구로 시험을 하였다. 처음에는 무관심하다가 흥미위주로 시도를
하였을 것이고 나중에는 정중하게 악곡의 박자에 맞추어 시작을 했으며
장단구의 사가 된 것이다."라고 했다.

이상에서 말한 것을 종합해 보면 사의 기원이 절구에서 비롯했다는
주장이 시경설보다는 비교적 설득력이 있다.


(2) 악제(樂制)의 변화 때문에 발생하였다.


남북조시대에 이민족의 음악이 중국에 들어오면서 수(隋) 당(唐) 음
악에 큰 영향을 주었다. 수나라의 악제(樂制)는 모두 북위(北魏)를
계승하였기 때문에 당나라에 이르러 처음으로 수나라의 악제(樂制)
때문에 아악(雅樂)과 청악(淸樂) 두 부서를 설치하였고 나중에 호악(胡
樂)이 유입되어 연악(燕樂)을 설치하였다. 특히 연악중에서 대곡(大曲)
은 사의 발생과 관련이 가장 많다.

왕작(王灼)의 『碧雞漫志』에 "양주배편에서 나는 一本에 24단이 있
는 것을 보았다. 후에 대곡으로 사를 만들면서 간략하게 만들고 음악을
연주하는 사람들도 (대곡을)처음부터 끝까지 연주하기를 원하지 않았고
심지어 배워도 다 할 수 없었다. (涼州排遍, 予曾見一本有二十四段.
後世就大曲製詞者, 類從簡省, 而管絃家又不肯從首至尾吹彈, 甚
者學不能盡.)"라고 했다.

이것은 후인들이 대곡의 악보에 글자를 맞추어 사를 지은 것을 말한
다. 사람들은 그중에서 일부를 선별하여 사용하였고 대곡 전체를 사용하
지 않았다. 그러므로 나중에 사조(詞調)의 이름들이 연악의 대곡에서
많이 나왔다. 예를 들어「水調歌頭」「涼州」「霓裳中序」「伊州」
「石州」「探蓮」등은 모두 唐代의 대곡들에서 나온 것이다. 그리고
「彩雲歸」「長壽仙」「大聖樂」「梁州」「齊天樂」등은 모두 宋
代의 대곡에서 나온 것이다. 이로부터 사의 기원과 악제의 관계를 잘
알 수 있다.

이외에도 王應麟 『困學紀聞』 : 古樂府者, 詩之旁行也. 詞曲者,
古樂府之末造也.와 王國維 『戲曲考源』 : 詩餘之興, 齊梁小樂府
先之. 등의 주장들이 있다.

## (3) 民歌 기원설

민가는 민간에 유행하는 노래로 대부분 일상생활을 묘사하며 특히
남녀의 사랑을 노래한다. 남북조시대에 동네마다 민가가 유행하였고
이역의 음악과 민가가 서로 융합하여 사의 음악을 만들었다. 중국 운문
사를 살펴보면 새로운 문체의 발생은 민간 문예활동과 밀접한 관계가

있다. 예를 들어 『초사(楚辭)』의 「구가(九歌)」가 비록 굴원(屈原)의 창작이지만 그 근원은 초나라 지역의 민가이다.

사의 기원에 대하여 이 외에도 양(梁)나라 무제 소연에서 비롯한다는 주장과 당대 근체시에서 출발한다는 주장 등이 있다. 그러나 진정한 사의 기원은 어느 한 가지에서 시작된 것은 아닌 것 같이 보인다. 다시 말하자면 위의 절구설과 악제설 민간설 등은 서로 연관이 되어 있으며 독립적인 주장이 아니라고 생각한다.

 ## 사(詞)의 명칭

사(詞)는 발전하는 과정에서 몇 가지 명칭을 갖게 되었다. 이런 명칭들은 각기 사의 특징을 표현하기도 하지만 모두 사를 지칭한다.

(1) 곡자사(曲子詞) : 당나라 시대에 유행하던 잡곡(雜曲)의 가사를 '曲子詞'라고 했다. 이를 후인들이 줄여서 '사'라고 불렀다. '曲子詞'라는 이름은 曲은 음악적 부분을 가리키고 詞는 문사적 부분을 가리키고 있다. 그러므로 노래가 있는 문자를 사라고 불렀다.

(2) 시여(詩餘) : 사가 시에서 변화되어 왔다는 생각과 사가 시를 계승하여 발전된 형식이라는 생각에서 붙여진 이름이다. 여(餘)는 나머지의 의미이다. 이런 명칭을 가진 개인 사집으로 南宋 林淳의 『定齋詩餘』, 廖行之의 『省齋詩餘』가 있다.

(3) 악부(樂府) : 사는 처음부터 음악에 맞추어 불렀다고 하여 붙여진 이름이다. 이런 예로 北宋 蘇軾의 『東坡樂府』, 賀鑄의 『東山樂

府』가 있다.

(4) **장단구(長短句)** :  사의 형식이 글자수와 구의 길이가 시와는 달리 제언의 형식이 아니라 장단(長短)이 있어 붙여진 이름이다. 北宋 秦觀의 『淮海居士長短句』、南宋 辛棄疾의 『稼軒長短句』가 있다.

사의 이명(異名)은 이외에도 曲詞、歌曲、琴趣 등이 있다.

## 3  사(詞)의 體制

모든 사는 해당 작품의 음악성을 표시하는 調名이 있었고 이를 사조 (詞調 혹은 詞牌)라고 부른다. 예를 들어 「念奴嬌」,「淸平樂」등이 다. 이것은 사를 지을 때 근거로 하는 악보[曲譜]이며 제목이 아니다.

모든 詞調는 調마다 정해진 구법이 있고 구절은 정해진 글자수가 있으며 글자는 정해진 평측이 있다.(調有定句, 句有定字, 字有定 聲)」이런 것들은 詞調마다 다르다.

송대는 사조의 이름을 작은 木牌 위에 조각을 하여 골라서 노래 부르기 편하게 만들었다. 그러므로 그것을 사패(詞牌)라고도 불렀다. 사조를 해설하는 책을 사보(詞譜)라고 한다. 이 책은 모든 詞에 글자수와 압운 처 글자의 평측 등을 기록하였다. 사람들은 사를 지을[填詞] 때 모두 여기 에 근거했다. 이런 종류의 서적으로 유명한 것은 淸나라 萬樹의 『詞 律』과 康熙 연간 왕혁청(王奕淸) 등이 편찬한 『欽定詞譜』가 있다.

대부분의 사는 모두 여러 편(片)으로 나뉘는데 一片을 일절로 생각하 면 되고 일반적으로 二片이 가장 많다. 한수의 사는 여러 片으로 되어있고 음악과 합하여 완벽한 가곡이 된다. 노래마다 압운의 위치는 다르다. 이것은 사의 음악적 리듬이 다르기 때문이다. 글자의 평측도 매우 엄밀하다. 어떤 사조는 사를 지을 때 四聲과 陰陽을 따지기도 한다. 이것은 글자의 색깔을 음악적 성조와 배합시키기 위한 것이다.

사는 서로 다른 기준에 따라 그 분류 방법이 다르다. 아래 3가지 분류법이 있다.

### ① 글자수를 기준으로 함

사체(詞體)는 3가지가 있다. 소령(小令)은 58자 이내, 중조(中調)는 59자에서 90자까지 장조(長調)는 혹은 만사(慢詞)는 91자 이상.

이와 같은 주장은 清 毛先舒가 했으나 모순이 많다.

### ② 박자와 절주를 기준으로 함

詞體는 일반적으로 4가지가 있다.

영(令) 혹은 小令이라고도 부른다. 박자와 절주가 비교적 짧다.

인(引)은 小令 보다는 다소 길다.

근(近)은 음악적으로 서로 유사한 것을 약간 늘인 것

만(慢)은 가장 긴 박자와 절주

### ③ 음악성을 기준으로 함

사체를 令、引、慢、三臺、序子、法曲、大曲、纏令、諸宮調 등 9종으로 나눈다.

令詞로 가장 짧은 것은 16자 정도이고 가장 긴 것은 100자 정도이다.

引調로 가장 짧은 것은 24자 정도이고 가장 긴 것은 97자 정도이다.

近詞로 가장 짧은 것은 45자 정도이고 가장 긴 것은 102자이다. 慢詞로 가장 짧은 것은 89자이고 가장 긴 것은 240자이다.

 **사보(詞譜)**

『白香詞譜』 권1을 예로 든다. 『白香詞譜』는 淸나라 가경(嘉慶) 연간에 舒夢蘭이 편찬했다. 詞譜는 唐 나라에서 淸 나라까지 모두 100수의 작품을 수록하고 있다. 이 사들은 일반적인 것으로 小令、中調、長調를 모두 구비하고 있다. 그러므로 초학자가 平仄 韻讀을 이해하는데 도움이 된다. 여기서는 사보의 운과 평측에 대한 맛을 보기로 한다.

다음 부호는 ⊙는 평성 측성 모두 가능, ●는 측성, ○는 평성, ▲는 측성운 △는 평성운을 의미한다.

(1)「보살만菩薩蠻」·閨情 李白

平林漠漠煙如織,
⊙○⊙●○○▲
寒山一帶傷心碧.
⊙○⊙●○○▲
暝色入高樓,
⊙●⊙○△
有人樓上愁.
⊙○○●△

玉階空佇立,
⊙○○●▲
宿鳥歸飛急.
⊙●⊙○▲
何處是歸程,
⊙●●○△

長亭更短亭.　　　　　　　　⊙○⊙●△

### (2)「憶秦娥」 思秋 李白

簫聲咽,
○⊙▲

秦娥夢斷秦樓月.
○○⊙●○○▲

秦樓月, （疊三字）
○○▲

年年柳色,
⊙○○●

灞陵傷別.
●○○▲

樂游原上清秋節,
⊙○⊙●○○▲

咸陽古道音塵絕.
⊙○⊙●○○▲

音塵絕, （疊三字）
○○▲

西風殘照,
⊙○○⊙

漢家陵闕.
●○○▲

### (3)「調笑令」·宮詞 王建

團扇,
○▲

團扇, （疊句）
○▲

美人并來遮面.
●⊙○○○▲

玉顏憔悴三年, （換平韻）
⊙○⊙●○△

誰復商量管弦.
⊙●○○●△

弦管, （上句末二字顚倒, 換仄韻）
○▲

弦管, （疊句）
○▲

春草昭陽路斷.
⊙●○○⊙▲

## (4)「長相思」別情 白居易

汴水流,
●⊙△

泗水流,
●⊙△

流到瓜州古渡頭頭,
⊙●○○⊙●△

吳山點點愁.
⊙○⊙●△

思悠悠,
●○△

恨悠悠,
●○△

恨到歸時方始休,
⊙●○○⊙●△

月明人倚樓.
●○○●△

## (5)「更漏子」 溫庭筠

柳絲長,
●○○

春雨細,
○●▲

花外漏聲迢遞.
⊙●○○⊙▲

驚塞雁,
○●●

起城烏, (換平韻)
●○△

畫屏金鷓鴣.
●○○●△

香霧薄, (換仄韻)
○⊙▲

透重幕,
⊙⊙▲

惆悵謝家池閣.
⊙●○○⊙▲

紅燭背,
○●●

綉簾簾垂, (換平韻)
●○△

夢君君不知.
●○○●△

# III.
# 당(唐)
# 오대(五代)의
# 사(詞)

 사의 비조(鼻祖) 李白

「菩薩蠻」　　李白

平林漠漠煙如織. 寒山一帶傷心碧. 暝色入高樓. 有人樓上愁.

玉階空佇立, 宿鳥歸飛急, 何處是歸程. 長亭更短亭.

평평한 숲은 고요하고 안개가 자욱하게 깔려있네. 한산 일대는 걱정으로 가득하네. 어둠이 높은 누각에 드리우고 누군가 누각에서 걱정을 하네

아름다운 섬돌위에 우두커니 서있고 잠자리에 드는 새는 급하게 날아가네. 어디가 돌아가는 노정인가 장정과 단정이 연이어 있겠지.

시사를 짓는데 있어서 가장 좋은 방법은 역기법(逆起法 : 정태적 상황을 동태적 상황으로 만드는 것)이다. 내용의 변화를 줄 수 있고

전체적으로 굵은 감정을 묘사할 수 있다.

위의 작품은 먼저 황혼녘 평원 수림에서 저녁 안개가 자욱하게 깔려있다. '漠漠' 두자는 고요한 의미가 있다. 작가 자신의 마음속의 적막함을 묘사한 것이다. 그러므로 정적이며 동적인 두 가지 아름다움을 다 가지고 있다. 평원의 수림이 끝나는 곳은 寒山이다. 한산에는 작가의 쓸쓸한 감정이 녹아있고 푸른색이다. 사조(謝眺)의 고시에 '春草秋更綠, 王孫未西歸'[1]라고 했다. 이백의 작품과 유사한 의미인 것 같다.

'傷心'이란 두자 역시 경치에 녹아들었다. 산은 원래 무정한 것이지만 작가 자신의 감정 색채를 보이는 사물에 투입했다. 마치 이상은(李商隱 : 義山)의 「蟬」시에 '五更疏欲斷, 一樹碧無情'[2]이 바로 이러한 것이다.

'暝色' 구절은 시간과 장소를 표현한다. 그리고 이어지는 구에서는 자신을 묘사한다. 역시 역기법(逆起法)이다. 이백은 먼저 자신을 묘사하지 않고 먼저 눈에 보이는 사물을 묘사하고 점진적으로 자신을 묘사했다. 이러한 방법이 가장 쉽게 내용의 변화를 일으킨다.

'玉梯'가 '玉階'보다 좋다. 이 구절은 '과편(過片)'에 속한다. 과편은 통상적으로 하편의 첫 구절 혹은 하편의 몇 구절을 말한다. 그러나 과편은 전체적인 작품의 흐름을 끊어서는 안 된다.

과편은 이미지가 생동할 뿐만 아니라 또 다른 경지를 연다. '宿鳥歸飛'로 이 길손의 향수를 설명한다. 歸字는 매우 깊은 의미가 있다.

---

1) 「酬王晉安德元詩」
  稍稍枝早勁. 塗塗露晚晞. 南中榮橘柚. 寧知鴻鴈飛. 拂霧朝青閣.
  日旰坐彤闈. 悵望一途阻. 參差百慮依. 春草秋更綠. 鵁子未西歸.
  誰能久京洛. 緇塵染素衣.
2) 本以高難飽, 徒勞恨費聲. 五更疏欲斷, 一樹碧無情. 薄宦梗猶汎,
  故園蕪已平. 煩君最相警, 我亦擧家清.

'공저(空佇)'역시 어찌할 줄 모르는 서글픔(怨)이 있다. 고향에 돌아가려고 하나 갈 수 없는 것이 마지막 몇 구절의 상상과 같다. 당송 대에는 5 리나 10 리마다 정(亭)을 두어 사람들에게 휴식의 장소로 제공했다. 마지막 구절은 작가의 상상의 말이다

이 작품은 집을 떠나 먼 길에 있는 길손이 고향을 생각하며 지은 것이거나 아니면 부평초 같은 탕자가 고향으로 돌아오는 작품이다. 이 작품은 일기(一氣)가 관통하여 외부의 사물과 내심이 합하여 하나가 되었다. 말은 끝났으나 그 의미는 무궁하여 다시 한번 읽고 싶어진다.

성률(聲律)에 대하여 살펴보면 이 작품은 네 번이나 환운(換韻)을 했다. 두 구절에 한번씩 측평(仄平)을 교환하고 있다. 측운을 사용할 때는 모두 입성운을 써서 단촉하고 급한 감이 있다. 평성운을 사용할 때에는 십이부(十二部) 후우운(侯尤韻)과 십일부(十一部) 경청운(庚靑韻)을 썼다. 이 운은 청유(淸幽)한 운에 속한다. 동운(東韻)과 같이 홍량(洪亮)하지는 않고 번현촉주(繁絃促株) 처청원모(凄淸怨慕)한 감정이 있다. 그러므로 이 작품은 성정(聲情)이 모두 아름다워 묘함을 모두 구비하였으므로 절대 사에 있어 초기의 작가가 창작할 수 있는 바가 아니다.

이백의 「菩薩蠻」과 왕찬(王粲)의 「등루부(登樓賦)」 두보(杜甫)의 「월야시(月夜詩)」 유영(柳永)의 「팔성감주(八聲甘州)」 등은 능히 같이 견줄 수 있다고 생각한다. 이들은 모두 동일한 제재를 묘사하였으나 그 표현수단이 다르다. (고향을 떠난 길손이 귀향하고 싶어 하는 심정을 묘사한 것. 이들은 모두 동일한 궤적의 작품이다.)

이제 이백의 또 다른 작품 「억진아(憶秦娥)」를 보자.

사패(詞牌)는 비록 「억진아(憶秦娥)」이나 사실은 「진아억(秦娥憶)」이라고 하여야 한다.

簫聲咽, 秦娥夢斷秦樓月, 秦樓月. 年年柳色, 霸陵傷別.
　　樂遊原上清秋節, 咸陽古道音塵絶. 音塵絶, 西風殘照, 漢家陵闕.

애처로운 퉁소소리 진아의 아름다운 꿈을 깨우고 달빛만 진루를 비추고 있네. 매년 버들가지 꺾어주며 장안 동쪽 패릉교에서 슬픈 이별을 하네.
　　청추절에 아름다운 낙유원에 오르지만 변방으로 출정한 사람에게는 소식도 없네. 한나라 황제의 버려진 무덤이 쓸쓸한 가을 석양 속에 물든다.

'簫聲咽'은 진 목공의 딸 농옥(弄玉)의 전고를 사용하고 있다.
'秦樓月' 세 구절은 여전히 꿈이 깬 이후의 상상의 단어들이다. 높은 누각에 살고 있지만 내심은 공허하다. 물질과 정신의 강렬한 대비를 묘사하고 있다. 먼저 달을 보고 봄날의 버들가지의 모습과 색깔을 떠올리며 버들을 꺾어 이별을 한다. 秦樓의 명월에서 봄날의 명월을 떠올리고 다시 이별할 때의 명월을 상상한다. 왕어양(王漁洋)은 패릉(霸陵)의 이러한 이별의 상황을 '鎖魂橋上鎖魂樹'로 묘사했다.
전편의 절반은 가을 달밤에 임을 그리워하는 것을 묘사하고 나머지 절반은 시간과 장소를 밝히고 달이 밝은 청추절을 즐긴다. 서쪽을 바라보며 고도에서 사랑하는 이의 소식도 끊기어 고도는 단지 썰렁한 감정만을 느끼게 한다. 꿈에서 깨어서도 계속하여 누각에서 이 생각 저 생각을

하며 과거 이별의 한을 회상한다. 그러나 오늘날 소식조차 끊기어 진
것을 탄식하는데 지금 또 석양이 진다. 마지막 네 구절은 이미 무너져버
린 한대의 성곽을 묘사한다.

이 작품은 규원(閨怨)을 묘사하는 수법으로 이별의 감정을 묘사했다.
굴원(屈原)의 미인(美人)·향초(香草)와 의미가 같다. 먼저 자신을 진
나라에 간 것으로 설정하고 진나라 공주의 피리소리로 흥을 불러일으킨
다. 기필(起筆)이 표연히 그려지고 오늘 달밤이 이별하던 날과 같기
때문에 근심과 애절한 원망이 끊임없이 이어진다. 이런 감정을 이백은
「勞勞亭」시에서 "천하에 이별의 슬픔이 있는 곳, 괴롭고 고로운 송객
정. 봄바람도 이별의 괴로움을 아는지 버들가지 푸르게 하지 않네.(天下
傷心處, 勞勞送客亭. 春風知別苦, 不遣柳條靑.)"라고 했다. 또 이와
유사한 감정을 그린 유영(柳永)의 「소년유(少年遊)」를 보자.

參差煙村灞陵橋, 風物似前朝. 衰楊古柳, 幾度擊折, 樵悴楚宮腰.
　　夕陽閒談秋光老, 離思滿蘅皋. 一笛陽關, 斷腸聲裏, 獨自倚蘭橈.

들쭉날쭉한 버들가지 장안 패릉교의 경치와 사물은 과거 한(漢)
당(唐) 시대와 비슷하네. 쇠잔한 버드나무 수도 없이 꺾이어 초췌하
기가 초나라 궁녀의 허리처럼 가늘구나.

석양 노을을 받으며 한가롭게 이야기하고 가을도 저물어간다.
이별의 생각 들판에 가득하네. 陽關三疊 한 가닥 피리소리, 애간장을
끊는 소리, 홀로 배에 오르네.

「소년유」는 회고(懷古)의 작품으로 과거의 풍물을 빌어 오늘날의

불만을 표현했다.

　유영의 작품에서 지(地)와 물(物)은 「憶秦娥」와 같고 이별의 감정
도 역시 동일하다고 할 수 있다. 단 유영의 사는 감정이 노출되어 있지만
이백의 사는 함축적이며 노출이 덜하다.

　「憶秦娥」 전편의 마지막 두 구절 '年年柳色, 霸陵傷別'의 여덟 자가
사람을 감동시킨다.

　'樂遊原上淸秋節, 咸陽古道音塵絕.'은 과편에 속한다. 이곳에서
이백은 또 다른 의미를 전개한다. '淸秋' 두자는 시간을 말하고 있으며
아래 구절을 더욱 처량하게 만든다. 이 시절은 정말로 놀기에 좋은
시절이기 때문이다. 눈을 크게 뜨고 서쪽을 바라보니 마음속의 사람은
간 곳이 없다. 임과 나를 대비한 것이 매우 강렬하다.

　온정균(溫庭筠)은 「경루자(更漏子)」에서 "난초의 이슬이 무겁고
버들가지 바람이 비스듬히 불어 정원 가득 낙화가 쌓였네(蘭露重, 柳風
斜, 滿庭堆落花.)"라고 했다. 온정균은 난초와 꽃을 서로 비교하고
있다. 역시 위와 같은 비교법이다. 유우석(劉禹錫)의 시를 보자.


　「酬樂天揚州席上有贈」
巴山楚水傷心地, 二十三年棄置身. 懷舊空吟聞笛賦, 到門翻似爛柯人.
沈舟側畔千帆過, 病樹前頭萬木春. 今日聽君歌一曲, 慾憑尊酒長精神.


　양주 연회석에서 백낙천에게 시를 지어 선물하다


　巴郡의 깊은 산 楚나라 강이 흐르는 쓸쓸한 곳에,
　귀양 간 나는 23년간 잊혀졌었지.

옛 친구를 생각하다 갑자기 思舊賦를 노래하는 소리를 듣고
집으로 돌아오니 세월이 마치 도끼 자루 썩는 사람과 같구나.
천여척의 배들이 이미 가라앉은 배 곁을 지나가고
병든 나무 앞의 모든 나무들이 봄을 맞아 피어나네.
오늘 처음으로 연회석에서 그대의 노래를 듣고
술잔의 힘을 빌려 정신을 발휘해 보네.


「憶秦娥」의 제5, 제6 구가 이러한 비교법을 사용하고 있다. 높은 누각에 살며 함양(咸陽) 고도를 마주하고 멀리 바라보나 보고자하는 사람은 보이지 않고 가을바람에 스산한 고적만이 보인다. 이별의 한 이외에도 흥망성쇠가 눈에 가득 들어온다. 현명함과 어리석음이 모두 다한(同盡) 감이 있다.

「憶秦娥」의 성조와 음운에 대하여 살펴보면 전부 측성의 입성운을 쓴 일운도저(一韻到低)다. '年年柳色', '西風殘照'를 제외하고 모두 단촉(短促)한 운을 사용한다. 색(色)과 조(照)자는 역시 측성이다. 그러므로 성정(聲情)이 슬픔에 목이 멘다고 할만하다.

'霸', '漢' 두 자는 거성(去聲)으로 거성을 이용하는 것이 다른 측성을 이용하는 것에 비하여 성조의 조화를 더욱 잘 표현한다. 장조(長調)에는 음양(陰陽)의 구분이 있으나 소령(小令)은 이러한 구분이 필요 없다.

「菩薩蠻」은 시의 형식에 가까운 5·7언 형식의 사이다. 그러므로 평측을 통용할 수 있다. 그러나 장조에 속하는 사는 구법이 이미 변화했다. 일반적으로 소령에서 오언구 第一字의 평측은 통용한다. 칠언구이면 一三字는 평측을 통용할 수 있다.

유희재(劉熙載)가 『藝槪』에서 말하기를 "이태백의 「憶秦娥」는

성정이 비장하다. 만당오대는 완려했고 동파에 이르러 비로소 복고가
시작되었다.(太白憶秦娥聲情悲壯. 晚唐五代, 惟趨婉麗, 至東坡始
能復古.)"라고 했다.

　마지막 두 구를 좀더 깊이 있게 생각하여 보면 한대 성곽의 퇴락에서
전인의 몰락을 비교하게 되고 더 이상 나의 작은 상처를 말할 수 없게
만든다. ─ 더욱 비참한 것이 아닌가? 마지막 여덟 자로 경치를 묘사한
것은 매우 광대하다 하겠다.

　　　「登樂遊原」　　두목(杜牧)
　長安澹澹狐鳥沒, 萬古銷沈向此中.
　借問漢家何事業, 五陵無樹起秋風.


　장안은 고요하고 길 잃은 외로운 새 간곳이 없네.
　만고의 쇠침이 여기에 있다.
　묻노니 한나라에 무슨 일이 있었나.
　나무도 없는 오릉에 차가운 가을바람이 분다.


　'담담(澹澹)'은 세상사를 가볍게 보는 것이다. 한나라 황제의 무덤인
오릉은 위수(渭水)를 사이에 두고 장안을 바라본다. 장안에는 한나라
고조(高祖) 문(文) 경(景) 무(武) 소(昭) 등 다섯 황제의 능이 있다.
과거 황릉에 심겨졌던 그 많던 백양나무는 세월과 함께 사람들에게
모두 잘려서 땔감이 되었다.

　「고시19수」의 '白楊多悲風, 蕭蕭愁煞人.'은 오릉은 지금 옛날처럼
아름답고 화려하지 못할 뿐만 아니라 바람을 막는 나무조차 없어 황량한

풍경이 눈에 보이는 듯하다.

「憶秦娥」의 '西風殘照, 漢家陵闕.'은 이백의 감정이 녹아든 풍경이다. 다른 의견이 있을 수 없다. 이와 유사한 감정으로 잠참(岑參)의 「登慈恩寺塔」(자은사 탑에 올라 : 節錄)이 있다.

秋色從西來, 蒼然滿關中.
五陵北原上, 萬古青茫茫.

싸늘한 가을 기운이 서쪽에서 오고, 어둠이 변방에 가득히 깔렸네.
한나라 오릉의 북쪽 평원은, 오랜 세월 푸른 숲이 끝도 없네.

잠참의 작품은 웅장한 기세가 있다. 그의 기세는 「憶秦娥」의 '西風殘照, 漢家陵闕.'과 어깨를 겨룰만하다. 그러나 이백의 작품은 비장하고 잠참의 작품은 웅장하다. 비장한 작품을 하나 더 예로 든다.

「소충정(訴衷情)」   강여지(康與之) : 송 남도 때의 작품
阿房廢址漢荒丘, 狐兔又群遊. 繁華盡成春夢, 笛下古今愁.
君莫上, 古原頭, 淚難收. 夕陽西下, 塞雁南來, 渭水東流.

아방궁은 황폐하고 한나라 궁궐 황무지 언덕으로 변하여 여우와 토끼가 무리를 지어 노네. 두 나라의 번화함은 모두 춘몽처럼 되었고, 적막한 피리소리에 금석지감을 느끼네.
그대는 고원에 오르지 말라. 눈물을 거두기 어렵네. 석양은 서쪽으로 지고 변방의 기러기 남쪽으로 날며 위수는 동쪽으로 변함없이 흐른다.

　　석양(夕陽) 새안(塞雁) 위수(渭水)는 시공을 초월하여 불변하는 사
물이다. 그러므로 사물은 옳고 사람은 틀렸다는 감정을 표현하고 있다.
또 이 세 구절의 대구(對句)는 단지 사에서만 이처럼 대구가 되며 시에는
없는 수사법이다.

　　'淚難收'의 세자는 감정이 너무 노출되어 있다.

　　마지막 세 구절은 풍경으로 감정을 묘사한 것으로써 여운이 남아있
다. 이렇게 경치를 묘사한 필법은 깊이 있는 감정을 자아내어 사람으로
하여금 동감을 불러일으킨다. 만약 '淚難收' 세자로 결미를 삼았더라면
말과 뜻이 이곳에서 끝난다.

　　위에서 서술한 것을 모두 종합하여 보면 이백이 사의 비조(鼻祖)라는
것에 대하여 다음 다섯 가지 이유에서 반대할 수 있다.

　　첫째. 이백의 평소 행동과 시의 종지(宗指)에서 볼 때 「憶秦娥」는
이백의 작품이 아니다. 이백의 고풍(古風) 중 첫 수는 건안(建安) 이후
를 노래하고 시풍이 모두 기려(綺麗)하다. 그러므로 이백은 풍아(風雅)
로 복고하려는 사명을 갖고 있다. 맹계(孟棨)는 『본사시(本事詩)』에
서 말하기를 "(이백이 말하기를) 오언은 사언만 못하고 칠언은 또한
미세하다. 하물며 성률에 속박을 받으니 율시는 말해 무엇 하랴? (李白)
嘗言寄興興深微, 五言不如四言, 七言又其靡也, 況使束于聲律俳
优哉)"라고 했다. 그러니 송대의 율시와 배율은 어떠했겠는가? 이러한
상황에서 볼 때 이백은 5·7언 율시를 많이 짓지 않았다. 그러므로
이백은 골목에서 여인네들이 노래를 부르는 장단구를 잘 짓지 않은
것을 알 수 있다.

　　둘째. 이백과 동시대인의 언론

　　두보는 이백의 지음(知音)이므로 속악을 비천하게 생각하지 않았다.

만약 당시에 사가 발생하였으면 두보의 시집에 반드시 사가 있어야 한다. 그러나 두보의 시집에는 사가 전무하다. 그러므로 동시대 사람인 이백의 사는 아마도 잘못된 것 같다.

　문체의 발생과정은 반드시 점진적으로 진행된다. 형식과 체제도 간단한데서 복잡한 곳으로 발전한다. 운(韻)도 소(疏)한데서 밀(密)한 데로 발전한다. 사의 발생은 처음에는 아마도 절구와 유사하였을 것이며 단편(單篇)만 있었을 것이다. 여기서 점진적으로 쌍첩(雙疊) 삼첩(三疊) 등으로 발전했다. 단편은 같은 가사를 반복하여 노래하는 것이고 쌍첩은 후반의 곡조는 같지만 가사가 달랐다. 여기서 후반의 몇 구절만 가사와 박자가 다른 것을 우리는 환두(換頭)라고 한다. 삼첩과 사첩은 위와 같이 유추해 보면 된다. 삼첩은 더욱 복잡하였을 것이며 환두 이후의 부분을 중복하여 노래했다. 오늘날 3절의 가사를 가진 노래와 같다.

　셋째. 「憶秦娥」는 쌍첩에 속하고 후편 또한 환두가 있다. 그러나 「보살만」이 환두로 바뀌면 단순한 쌍첩이 아니다.

　「菩薩蠻」은 성률의 설계가 좋다. 그러므로 초창기의 작품이라고는 할 수 없다. 『두양잡편(杜陽雜編)』에 "당 선종 때 여단국(女蠻國)에서 조공을 했다. 당시 머리에 높은 관을 쓰고 구슬로 된 목걸이를 하고 있었다. 당시 사람들이 이를 보살만국이라고 불렀다"라고 했다. 배우들이 이 곡을 만들어 노래를 부르고 사패에 맞추어 가사를 썼다.

　손광헌(孫光憲)의 『북몽쇄언(北夢瑣言)』에서 "당 선종(宣宗) 때 이 곡(菩薩蠻)이 유행했다. 선종이 이 곡을 좋아하여 영호도(令狐綯)를 시켜서 가사를 짓게 했다. 도는 온정균에게 가사를 부탁하였고 그에게 입 조심을 시켰으나 온정균이 말을 떠벌려 황제가 큰노했기 때문에

도는 균을 평민으로 만들었다."라고 했다. 이상에서 당 선종 때「菩薩
蠻」은 이미 유행하였으나 사람들에게 경시를 받았음을 알 수 있다.
만약 그렇지 않았다면 황제가 이 때문에 분노할 이유가 없다.

넷째. 시간적으로 보았을 때 온정균과 이백은 약 100년의 차이가
난다. 그런데 온정균의 시대에도「菩薩蠻」은 오랑캐의 천한 곡조로
천시를 받는 곡이었다. 선종 때에 처음 유행했다고 한다면 이백이 이와
같은 성숙한 작품을 만들 수는 없는 것이다. 최영흠(崔令欽)은『교방기
(敎坊記)』에서 말하기를 "현종(玄宗) 때에 이미「菩薩蠻」곡이 있었
다."라고 했다. 그러나 당시에 가사가 있었는지는 명확히 말하지 않았다.
그리고『교방기』와『화간집(花間集)』에는「憶秦娥」가 수록되어 있
지 않다. 이는 아마도 후일에 이백의 이름을 위탁하여 사명을 높이려는
것일 것이다.

다섯째. 이백의 시적 기교 처리 면에서

이백은 시를 지을 때 자신만의 독특한 수법이 있다. 예를 들어「양원
음(梁園吟)」은 길손이 고향을 그리워하는 작품이다. 제재는「憶秦
娥」와 같지만 재료의 취사선택과 안배의 수법이 완전히 다르다. 다음에
「양원음(梁園吟)」일부를 수록한다.

* * *

却憶蓬池阮公詠, 因吟綠水揚洪波.
洪波浩湯迷舊國, 路遠西歸安可得.
人生達命豈暇愁, 且飲美酒等高樓.
平頭奴子搖大扇, 六月不熱如淸秋.

\* \* \*

완적이 봉지에서 읊조린 일 기억하거니와

그 때문에 녹수에 거친 물결 일었지.

거친 물결 호탕하니 장안은 어드메뇨.

인생살이 운명에 달통하면 시름할 겨를 있으리

좋은 술 마시고자 고루에 올랐다.

　　(『영원한 대자연인 이백』 안치 저, 이창숙 신하균의 해석을 따름)


유희재(劉熙載)는 "「憶秦娥」는 성정이 비장하다. 그러나 오대사풍
은 완려하다. 동파에 이르러 비로소 이런 사풍이 계승되었다"라고 했다.
　사는 원래 관현의 억양이 조화롭다. 문자를 맞추어 사가되고 글자
수는 본래 모두 같지만 후에 범성(泛聲) 가자(加字)를 첨가하여 장단구
가 되었다. 그 후에 성과 정이 서로 배합된다. 그러므로 사조(詞調)가
저속한 기풍에서 고아한 곳으로 발전하였다. 시골 골목에서 유행하던
이국의 음악과 비천한 곡은 남녀의 사랑이나 여행 이별 등의 감정을
넘어서지 못했다. 나중에 문인들의 관심이 늘면서 사에 대한 창작이
늘어나고 점차 회고(懷古) 언지(言志)의 내용이 추가된다. 그러나 『화
간집』에는 온정균의 회고사를 한 수도 기록하지 않았다. 온정균 이후
비록 회고의 작품이 있으나 역시 완려한 기풍에 속했고 청담의 필체로
썼다. 성정(聲情)이 비장한 작품은 절대로 없다. 그러다 범중엄(范仲
淹)의 「어가오(漁家傲)」에 이르러 중필(重筆)이 처음으로 등장했다.
그러므로 사의 발전 과정에서 볼 때 이백의 시대에 이와 같은 작품은
있을 수 없다. 중필(重筆)에 대하여 보다 자세히 살펴보자.

「浪淘詞」　황보송(皇甫松)

灘頭細草接疏林, 浪惡罾船半欲沈. 宿露眠鷗非舊浦, 去年沙嘴是
江心.


여울가 가는 수초는 성긴 숲에 이어있고 거친 파도 속 어선은
거의 잠기려하네.
밤새 내린 이슬 쉬는 갈매기는 옛 포구의 것이 아닌데 작년의
모래톱은 강심에 있네.


작은 것에서부터 큰 것으로 묘사한다. 전체적으로 경필(輕筆)을 사용
하여 상전벽해의 감을 묘사했다. 만당의 완려한 사풍에 부끄럽지 않은
작품이다.


「浣溪紗」　설조온(薛照蘊)

傾國傾城恨有餘, 幾多紅淚泣姑蘇, 倚風凝睇雪肌膚.
　吳主山河空落日, 越王宮殿半平蕪, 藕花菱蔓滿重湖.


경국지색 서희의 한이 남아 붉은 눈물을 고소대에서 흘린다.
바람에 의지해 응시하는 눈처럼 흰 살결.
　　　오나라 산하는 석양 아래 비어있고 월나라 궁전도 잡초만 무성
하다. 연꽃과 넝쿨만 호수에 가득하네.


전설에 서시(西施)는 최후에 월왕 구천(勾踐)에게 침략을 당하여
사망했다고 한다. 처음 두 구절은 서시가 오나라 궁궐에 있는 심정을

묘사한 것이다. 하나는 조국의 원수 하나는 은공을 묘사했다. 이런 감정
을 清 袁子才는「西施」시에서 "妾自承恩人報怨. 捧心常覺不分
明."이라고 했다.

　제삼 구절은 작가 자신에게 돌아와 환상을 썼다. 과편에서는 서시가
당시의 산하를 생각하고 오나라 월나라는 모두 황량하고 연꽃과 넝쿨만
호수에 가득한 것을 묘사한다. 마지막 구절은 상상에서 다시 눈에 보이
는 현실 세계로 돌아왔다. 경담(輕淡)한 필법으로 묘사하여 노래한
것이다.


　　　「江城子」　　구양형(歐陽炯)
　晚日金陵岸草平, 落霞明, 水無情. 六代繁華, 暗逐逝波聲. 空有姑蘇
臺上月, 如西子鏡, 照江城.


　저녁 금릉 장강가의 풀들은 평평하고 낙조는 아름답고 강물은
무정하네. 오나라 동진 송제양진의 여섯 나라의 번화함이 무정한
파도 소리에 사라져갔네. 비어있는 고소대에 달이 마치 과거 서희가
사용하던 거울처럼 강과 빈 성만 비추고 있네.


　'姑蘇臺'는 오왕 부차가 지었고 미녀 서희가 이곳에 살았다고 한다.
소동파가「염노교(念奴嬌)」에서 묘사한 "장강은 동쪽으로 흘러만 가
고 파도는 수많은 역사적 영웅호걸들을 묻어버렸네(大江東去, 浪淘盡,
千古風流人物)"의 상황은 이 작품이 가장 묘하다.

　이 사는 회고의 작품으로 역시 사풍이 완려하고 가벼운 필법(輕筆)을
사용했다. '如西子鏡'의 '如'字는 增字이다. 전국시대 초나라는 이곳

金陵에 金陵郡을 두었고 진(秦)나라는 이곳을 말능(秣陵)으로 개명했
고 한나라는 계속하여 말릉(秣陵)이라고 불렀다. 삼국시대 손권(孫權)
은 이곳에 도읍을 정하고 건업(建業)이라고 개명했다. 그러다 진(晋)나
라 때는 다시 建康이라고 불렀다. 당나라 때 이름을 金陵으로 불렀다.
남당 군주 이경(李璟)은 다시 이곳을 康寧府로 개칭했다. 이곳은 지금
강소성 남경 시다.


「江城子」　　우교(牛嶠)

鵁鶄飛起郡城東, 碧江空, 半灘風. 越王宮殿, 蘋葉藕花中. 簾捲水樓
魚浪起, 千片雪, 雨濛濛.


　　해오라기가 성의 동쪽에서 날아오르니 푸른 강은 공허하고 파도치
고 바람만 부네. 폐허가 된 월나라 궁전은 개구리밥과 연꽃으로 가득
하다. 수루의 수렴을 말아 올리니 파도만 친다. 하얀 파도에 가랑비가
자욱하네.


　　우교의 「강성자」는 회고의 작품이다. 네 번째 구절은 당시 월나라
궁전이 이미 한 조각의 파도로 변한 것을 말한다.
　　'水樓' 구절은 시간의 순서에 따르면 '越王宮殿' 앞에 와야 한다.
이 작품은 중필을 사용하지 않았다.


「臨江仙」　　녹건의(鹿虔扆)

金鎖重門荒苑靜, 綺窓愁對秋空. 翠華一去寂無蹤. 玉樓歌吹, 聲斷
已隨風. 　　　　　　煙月不知人事改, 夜闌還照深宮. 藕花相向野塘中,

暗傷亡國, 淸露泣香紅.


　중문 굳게 잠겨 황폐해진 적막한 뜰 창에 기대어 슬피 가을 하늘을 바라본다. 비취 깃발 가버린 후 종적을 찾을 길 없네. 옥루의 노래와 연주 소리 끊기고 이미 바람 따라 사라졌네.

　안개 속의 달은 세상이 바뀐 것도 모르고 밤중에도 깊은 궁궐을 비춘다. 들판 연못의 연꽃도 서로 기대어 남몰래 망국을 슬퍼하며 붉은 꽃에서 맑은 이슬로 눈물 흘린다.


　첫 구절은 나라가 망한 이후를 묘사했다. 궁궐이 잠겨 있어 노닐던 정원에 아무도 없다. '취화(翠華)'는 황제만이 소유하는 깃발이다. 세 번째 구절은 임금이 포로가 된 것을 말한다. 작품이 전체적으로 고금의 대비를 사용하여 묘사를 했다. 마지막 구절은 작가의 감정을 사물에 의탁했다. 그러므로 연꽃이 국가의 멸망을 알고 우는 것이다.

　상술한 바에 의하면 만당오대는 상금조고(傷今弔古)의 사풍이 있었음을 알 수 있다. 이는 시대적 상황이 그렇기 때문이다. 그러므로 작가는 중필(重筆)을 사용하지 않는다. 이 시기는 이백과 이미 200년 정도 차이가 난다.

　이백 보다 약간 후대의 문인들의 사작 기교에 대하여 살펴보고자 한다.

　이백 보다 5·60년 후의 유(劉)·백(白)의 사에서 알 수 있는 것은 단지 절구 격식을 변화한 것뿐이다. 그러므로 부분적으로는 절구라고 할 수 있다. 그들이 지은 작품은 제목 내용 조명(詞牌)이 서로 어울리며 수법은 단편이 많다. 유·백의 쌍첩사가 점차적으로 출현했지만 그들도 단편 작품이 많고 쌍첩이 적다. 특히 환두는 없다고 말할 수 있다.

표현된 감정과 형식은 동일하고 모두 함축적이며 부드럽다. 「장상사(長相思)」가 다소 사에 가깝다. 쌍첩법의 필법 역시 시인이 절구를 짓는 것과 같고 표현한 감정 역시 인류 최초의 감정이다. 「죽지사(竹枝詞)」 역시 마찬가지다. 어떤 지역의 풍토와 인정을 — 최초의 감정을 묘사한다. 「죽지사」와 기타의 사와 차이점은 대나무를 묘사한 것이 아니라 전문적으로 풍속과 인정을 묘사한 것이라는 점이다.

　　　「憶秦娥」　정문 처 손부인(鄭文妻 孫夫人)
　花沈沈, 一鉤羅襪行花陰. 行花陰, 閒將柳帶, 試結同心.　　　日邊消息空沈沈, 盡眉樓上愁登臨. 愁登臨, 海棠開後, 望到如今.

　꽃이 무성하고 갈고리 모양의 비단버선이 꽃 사이를 다니네. 꽃 사이를 다니며 한가로이 수양버들 가지로 동심결을 만든다.
　대궐의 소식은 감감하고 어두운 마음에 누각에 오르니 근심이 떠오르네. 근심이 떠오르네. 해당화가 핀 후 지금까지 바라본다.

　이 작품은 입성운을 평성운으로 바꾸었다. 그러나 여전히 구슬프다. 그러므로 이 사패(詞牌)가 슬프고 억압된 감정을 묘사하기에 적합한 것을 알 수 있다.
　閉口音(m:侵韻)과 眞韻은 남송 시대에 이미 혼용되었다. 이 작품은 侵韻만을 사용했다.
　황승(黃昇)은 『화암사선(花菴詞選)』에서 " 「보살만」, 「억진아」는 모든 사의 비조이다"라고 했다. 그러나 이백이 최초의 사 작가는 아닌 것 같다. 이백은 말하기를 "대아(大雅)를 오랜 동안 짓지 못했다"라고 했다. 그러므로 이백은 고풍(古風)을 회복하려던 사람임을 알 수 있다. 따라서 이백은 사를 創始할 가능성이 크지 않다.

또 맹계(孟棨)는 『본사시(本事詩)』에서 말하기를 "양(梁)·진(晋) 이래로 염시와 가벼운 기풍이 극성이다. 심약은 성률을 숭상한다. 장차 고도를 회복하는 것은 나를 버리고 누가 할 것인가? — 오언은 사언만 못하고 칠언은 또한 미세하다. 하물며 성률에 속박을 받으니 율시는 말해 무엇 하랴?"라고 했다.(이것은 맹계가 이백의 뜻을 전술한 것이다) 그러므로 이백의 시집 중에서 칠언이 가장 적다. 율시도 이와 마찬가지다. 이렇게 이백은 복고를 스스로의 운명으로 생각하였고 성률에 구애를 받지 않았으니 어찌 외국의 통속적인 속악을 창작할 수 있겠는가?

이백의 시대나 혹은 다소 뒤인 李益 李賀의 시대에는 작품이 영인(악기 연주자나 가수)에 의해서 곡조에 맞추어 불리어지면서 더욱 유명하여 졌다. 그러므로 문인들은 곡조에 맞추어서 전사(塡詞)할 필요가 없었다. 하물며 이백의 시대는 말할 필요도 없다. 당시의 시풍은 두보가 "초당사걸의 시체는 경박함을 문으로 하고 양조의 집과 이름이 모두 궤멸되었다. 만고에 강하의 흐름만이 폐하지 않을 뿐이다"라고 했다. 두보는 제양체(齊梁體)를 역시 숭상하지 않음을 알 수 있다. 당시 문인들은 미약한 제양 율체를 경시했으므로 사의 풍기가 아직 열리지 않았음을 알 수 있다.

문체의 변화는 스스로 점차적으로 이루어진다. 먼저 조악한데서 고아한 데로 나아간다. 송사의 작가는 우선 거리의 평민 악공들이며 체제는 단순한데서 복잡한데로 발전하며 음률은 소한데서 밀 한데로 발전한다.(사의 체제는 먼저 단편 쌍첩 환두로 발전한다. 과편 후의 첫구 혹은 두 번째와 제일 처음과는 다르다. 나머지는 전편과 같다.)

　이백의 두 작품은 이미 상당한 수준에 올라 있다. 그런데 유우석의 시대에 이르러 비로소 간단한 단편이 출현한다. 이렇게 뒤집어진 상황은 문학사상 출현할 수가 없다. 그러므로 이백은 쌍첩환두(雙疊換頭)의 작품을 쓸 수가 없었다고 본다.

　「菩薩蠻」 곡조는 당 선종 때 생겼다. 손광헌의 『북몽쇄언』에서도 선종이 이 곡을 좋아한다고 기록하고 재상 영고도를 시켜 몰래 온비경을 불러 사를 짓도록 하였고 이 사실이 누설되지 않도록 했다. 이는 「菩薩蠻」이 선종 때에도 여전히 대아에 진입할 수 없었음을 말한다. 그러므로 백 년 전에 이백의 시대에 이미 그것을 지었다는 것은 혹은 널리 전파되었다는 것은 있을 수 없다.

　오대(五代)에 화응(和凝)이 재상이 되었을 때 그는 사람을 시켜서 자신의 詞 작품들을 몰래 불태워 버렸다. 이는 당대의 사 역시 사람들의 천시를 받았음을 증명하는 것이라고 하겠다. 이것은 당시의 사람들은 악기를 다루고 곡조를 창하는 것을 실덕하는 것이라고 생각하였기 때문이다.

　최영흠(崔令欽)의 『교방기(敎坊記)』에 이미 「菩薩蠻」 곡조가 수록되어있다. 그러나 반드시 사가 있었던 것이라고는 볼 수 없다. 『교방기』 중의 많은 곡들이 송대에 들어와 비로소 사가 있었다. 그러므로 이백이 지은 사가 반드시 있었던 것은 아니다.

　또한 『화간집(花間集)』에 「憶秦娥」를 수록하지 않았고 구양형의 서문에 이백은 단지 「淸平樂」만이 있을 뿐이다. 만약 구양형이 당시에 이백의 다른 작품을 보았다면 그 작품을 수록하지 않았을 리가 없다. 아마도 당대의 사람들이 사의 지위를 높이기 위하여 이백의 이름에 의탁한 것 같다.

명 호응린(胡應麟)의 『장악요독(莊岳要讀)』에 "(이곡은) 기상이 쇄미하여 이백의 초연한 기운이 없다"라고 했다. 그러나 기상만으로 문장을 논하는 것은 참고가 될 뿐이며 완전히 정확한 것은 아니다. 예를 들어 소동파의 「복산자(卜算子)」'초승달이 성긴 오동나무 가지에 걸려있다(缺月掛疏桐)'역시 동파의 평상시의 기상과 같지 않기 때문이다.

유희재의 『예개(藝槪)』는 "이 두 작품은 소리와 감정이 장엄하며 슬퍼 만당 오대에는 연약하고 아름다운 작품이 있었는데 동파 때에 이르러 복고할 수 있었다"라고 했다. 유희재의 이 말은 우선 두 작품이 이백의 작품임을 인정하고 있어 실증이 아니며 믿을 수 없다고 할 수 있다.

사의 성조에 대하여 말하자면 먼저 간단하고 고정적인 음절에서 발전하여 범성(泛聲 : 散聲으로 소리는 있으나 가사는 없음)이나 화성(和聲)으로 발전하면서 소리와 감정이 사의 정감과 일치하게 되는 것이다.

사의 공용성에 대하여 말하자면 우선 오락용으로 제공되다가 다음에 다시 언지(言志)하는 경지로 발전했다. 그러므로 이백의 두 작품은 이백 시대에는 나오기가 어려웠다.

당 오대의 온정균 사는 아름답고 여성적인 가벼운 필체에 불과하였고 절대 이백의 두 작품처럼 장엄하고 비장한 것과는 다르다. 이는 개인의 감정을 묘사하기에 적합하지 않다. 그러므로 이백의 이 두 작품은 당연히 후에 생긴 것이라고 하겠다. 重筆의 수법은 범중엄의 「어가오(漁家傲)」에서 생긴 것은 아니다.

초창기의 사는 유우석 백거이 때에는 단편(單片)이 많았고 환두(換頭)도 아직 출현하지 않았다. 기교도 대체로 절구와 유사하였고 늘 처량하며 연약한 미를 함축하고 있었다.

「長相思」　　백거이(白居易)

汴水流, 泗水流, 流到瓜州古渡頭, 吳山點點愁.　　　　思悠悠, 恨悠悠, 恨到歸時方始休, 月明人倚樓.

변수의 물 흐르고 사수의 물 흘러, 과주의 옛 부두로 흐르네, 오산은 점점이 수심에 잠기어 있네.

한없는 그리움, 끝없는 서글픔, 그대가 돌아와야 한이 풀리려는지, 달 밝은 밤 홀로 누각에 기대어 있네.

송 황승(黃昇)의 『화암사선(花菴詞選)』에 이 사를 비평하여 "후인이 미치지 못하는 바(非後世所及)"라고 했다. 이 작품은 수정병풍과 같아서 전체적으로 공령(空靈)하고 수식의 흔적을 찾아볼 수 없다. 힘을 들인 것 같지도 않은데 감정이 무한하다.

유해운(俞陛雲)은 이 작품을 평하여 "맑은 하늘에 어름기둥 같이 전체적으로 허명하며 흔적이 들어나지 않고 함축된 감정이 무한하다"라고 했다.

전편의 수(愁)자가 전체를 꿰뚫는다. 과편의 사(思)자는 앞뒤의 연결을 원만히 하며 물이 커다란 저수지에 도착한 묘한 감정이 있다. 그러므로 위의 근심을 이어받고 아래로는 한을 표현하고 있다. 청대 주이존(朱彝尊:1629-1709)은 "은혜가 깊으면 쉽게 원망으로 변한다. 원망을 잘 해석하면 기쁨이 된다. 진한 웃음을 떠올리면 깊은 아름다움이 보인다 (恩深容易怨, 釋怨成歡, 濃笑懷中露深媚)"라고 하였으니 정말로 '사유유(思悠悠)'세구의 적당한 주석이다. 이러한 감정의 상태는 위의 작품이 가장 잘 표현하고 있다. 愛·怨·歡·媚는 동일한 감정의 표출일 경우가 많다. 작가는 평범한 글자로 깊이 있는 감정을 묘사하였으니 재주가 비상하지 못하면 이룰 수 없는 경지이다. 마지막 구절은 사람을 기다리며 달이 만월이 되었을 때 생각하는 사람이 돌아와 밝은 달빛 아래에서 쌍쌍이 누대에 오르는 것을 묘사했다.

「長相思」　　백거이(白居易)

深畵眉, 淺畵眉, 蟬鬢鬅鬆雲蘭衣, 陽臺行兩廻.　　　　巫山高, 巫山低, 暮雨瀟瀟郞不歸, 空房獨守時.

눈썹을 진하게도 연하게도 그려보고, 매미 같은 살적머리 흐트러진 채 구름 같은 옷을 입고 陽臺에 두 번 나와 보네.

아름다운 무산은 높은 듯 낮은 듯, 부슬부슬 저녁에 비가 내리는데 그대 아직 돌아오지 않아 빈방을 홀로 지키네.

이 작품은 꿈속에서 방금 깨어난 미인을 그렸다. 눈썹도 어지럽고 매미 날개 같은 귀밑머리도 가지런하지 못하고 잠옷도 주름져있다. 전편 절반은 반신반의하는 상태이다. 양태(陽臺 : 베란다)에 홀로 나가 걸어 보아도 온통 답답한 마음만 가득하다. 이 구절을 송옥(宋玉)이 "아침저녁으로 陽臺 아래서 기다린다(朝朝暮暮陽臺之下)"라고 했다. 전반부는 실제 혹은 상상의 모습도 된다. 모두 의미심장하여 자세히 음미할 가치가 있다. 과편은 꿈속의 상황을 묘사하고 있다.

과편은 전편을 받아 꿈속 상황을 묘사한다. '무산'으로 시작하여 앞 구절의 '陽臺行兩廻'를 받고 또한 이 여자가 무산선녀와 같이 미인임을 암시하고 있다. 꿈속에서 쌍을 지어 날아다니고 웃고 놀다가 꿈을 깨어

보니 빈방에 휘장만 쓸쓸하다.

　'모우(暮雨)' 두 구절은 전편의 주제를 나타낸다. 음조가 매우 아름답다. 빗소리를 들으며 공허하고 적막한 감정이 치밀어 오름을 묘사한다. 백낙천의 또 다른 시에 "저녁 비 부슬부슬 내리는 데 오양곡조는 쓸쓸하고 강남을 떠나온 후 다시는 듣지 못했다(吳孃暮雨瀟瀟曲, 自別江南更不聞)"라고 했다. 백락천의 自愛가 깊음을 알 수 있다. 또 다른 많은 시인들이 저녁이 되고 비가 오면 시를 썼다. 대부분 가작이 많다.

　왕사정(王士禎)은 "최근에는 吳孃曲을 습관적으로 듣네, 저녁에 부슬부슬 내리는 비가 물가의 누각을 적신다(年來慣聽吳孃曲, 暮雨瀟瀟水閣頭)"라고 했다. 이러한 분위기는 한 무제(漢武帝)가 배를 타고 석양이 비추는 가운데 쓸쓸함을 느끼면서 문득 먼저 간 부인이 그리워서 지은 「낙엽애선곡(落葉哀蟬曲)」과 매우 유사하다. 백거이의 「장상사(長相思)」는 애완(愛婉)한 정서가 잘 드러나 있다. 「落葉哀蟬曲」은 고악부로 무제가 이씨 부인이 죽은 후 곤명지에서 부인을 생각하며 지은 시이다. 아래에 인용한다.

　　羅袂兮無聲, 玉墀兮塵生.
　　虛堂冷而寂寞, 落葉依乎重扄.
　　望彼美之女兮, 安得感予心之未寧.

　　비단 옷소매 소리도 없고 옥섬돌에 먼지만 끼었네.
　　빈 방은 차갑고 적막하여 떨어진 낙엽은 중문에 쌓이네.
　　저 아름다운 미녀를 바라보며 내 마음의 흔들림을 어떻게 하리?

백낙천의 시는 비교적 이해하기가 쉽다. 사도 역시 동일하다. 「장상사」두 수는 경치를 보고 감정이 생겼다. 사람을 감동시키는 점이 유우석보다 훌륭하다. 「장상사」는 후자가 전자보다 좋다. 음절의 설계가 금속성인 소리가 나는 것 같다. 이것은 백낙천의 경험에서 나온 것이다. 이백을 백대사조라고 부르지만 그의 작품은 확실히 위작일 가능이 크다. 그보다 100년 뒤에 온정균이 나와 진정한 사의 비조가 되었다.

## 2 당 오대의 사단(詞壇)과 온정균(溫庭筠)

사는 백거이 유우석에 이르러 지위가 점차 높아지고 있지만 아직도 저속한 노래의 수준을 탈피하지 못했다. 그러다가 온정균에 이르러 사의 형식은 점차 성숙하여지고 사곡(詞曲)이 서로 조화를 이루며 성정(聲情)이 배합하여 변방 이역의 특성과 비천함에서 벗어나 문단의 정종(正宗)이 되었다.

당나라 정원(貞元 : 785-805) 연간에 이하(李賀: 790-816)가 나왔다. 그의 시는 품격이 유심요곡(幽深窈曲)하고 사구(詞句)는 기궤(奇詭)하고 기려(奇麗)하다. 이하는 문사를 연마하여 상징적 수법을 즐겨 사용했다. 그러므로 그의 시는 대부분 100% 확실하게 이해할 수 없는 것들이 많다. 후에 이하의 영향을 받아 이상은(李商隱)은 이러한 시풍을 계승했다. 두 사람의 차이는 이하는 이 방법을 사용하여 고시에서 일가를 이루었으나 이상은은 같은 방법을 사용하여 율시에서 일가를 이루었다. 온정균은 이 방법을 사용하여 사를 지었다. 후대의 사인들의 작품을 보면 위의 세 사람의 시구나 사구를 인용하여 많은 작품을 창작한 것을 알 수 있다. 이상은의 시는 온정균보다 뛰어나고 온정균의 사는 이상은의 시보다 뛰어나다.

역사적 기록에 의하면 온정균의 품행은 세속의 예절에 별로 구애를 받지 않았으며 음률에 정통하고 악기를 연주할 줄 알아 풍염(豊艶)한 사를 지었다. 그러므로 세인들은 그를 '광유협사(狂遊狹邪)'라고 불렀다고 한다. 그가 음악을 알았으므로 성정과 가사가 배합하는 경계를 안 것이고 또 이상은의 뒤를 이었으므로 '향염지체(香奩之體)'라고 할 수 있다. 후인들은 사단에서 온정균의 위치를 부(賦)에서 굴원의 위치와 비교한다. 이것은 아속(雅俗)을 논하기 이전에 그가 확실히 사단(詞壇)의 대가이기 때문이며 또한 사의 지위를 높인 공신이기 때문이다.

시사에서 감정을 표현하는 방법은 많은 차이가 있다. 사의 입장에서 그것을 정리해 보면 대체로 3가지로 나눌 수 있다.

첫째. 시어가 함축적이지 않고 수식을 하지 않는다.

폭발적인 감정표현으로 문장의 감정이 강물과 같이 끊임이 없다. 이런 종류는 천재형 작가들이 잘 사용한다. 작가의 재주와 감정이 너무 뛰어나고 풍부하여 기교를 추구하지 않고 함축적이지도 않으며 때로는 표면적인 것을 직접 묘사한다. 이런 순수한 감정은 소사(小詞 : 小令)의 창작에 가장 적합하다. 대체로 모든 창작이 감정을 위주로 하며 절대 이성적이지 않다. 순수한 마음이라고 할 만하다.

둘째. 최대한 억제하고 숨기고 참는다.

자신의 감정을 억제하고 인내하면서 다른 감정과 결합하고 기탁한다. 수 많은 생각 후에도 말하고자 하나 말을 하지 못하는 작가는 세상사를 너무 잘 알아 인생에 대하여 깊이 이해하고 있다. 이성적으로 생각을 하고 말하고자 하나 말하지 않는다. 어찌 할 바를 모르는 중에 미세한 감정만을 토로한다. 그러므로 작품에서 보면 단지 감정이 복잡하고 번뇌와 우울함이 쌓여 진한 감정으로 집착하면서 고결하고 굳건하다. 이런 작품은 감정의 내면적 모습이 매우 풍부하다. 그러므로 맛이 무궁무진하다. 고인들은 이것을 "깊이가 있는 사람은 가벼운 말을 하지 않는다(深人無淺語)"라고 했다. 감정을 깊이 있게 추구한 후에 독자로 하여금 스스로 느끼도록 만든다.

셋째. 최대한으로 감정을 제거하여 독자로 하여금 사건 사물로부터 연상을 하게 만들어 독자 스스로 본의(本意)를 찾게 한다. 아울러 독자 자신의 감정을 첨가한다. 갑의 감정으로 을의 감정에 영향을 준다. 온정균의 작품이 이렇다. 이런 방법은 인력이 하늘의 능력을 이긴 경우이다. 때로는 이지가 감정을 이긴다. 예술적인 방법이 앞의 두 가지 보다 높지만 감정의 깊이만은 앞의 두 가지만 못하다.

냉정하고 객관적으로 정교하게 묘사하는 기교와 화려한 색채와 억양, 장단의 성조 등을 많이 사용하면 단지 사물의 외형을 표현할 뿐이다. 그러나 이것은 독자로 하여금 스스로 무엇인가를 찾게 하여 미감을 만들어 낸다. 주관적인 희로애락을 제거하고 특별한 모습을 추가 하게 되면 각각의 특별한 모습은 영화의 필름이 접속되는 것과 같다. 그 공극은 독자의 자아환각으로 하여금 스스로를 만족하게 만든다. 자아적인 감정이 녹아들면 객관이 변화여 주관적인 감상이 된다. 따라서 시어가 염려(艷麗)한 것을 빼고 결구가 근엄한 것 역시 온정균의 장점이다. 그는 이러한 감정의 극치를 독자로 하여금 무한하게 섭취하게 만든다.

온정균의 사는 기탁을 하는지 하지 않는지가 분명하지 않다. 그의 예술수법은 상당히 성공적이며 또 음악성이 극히 풍부하다. 원매(袁枚)

가 말하기를 "시는 음절이 맑고 깨끗하며 빙사(氷絲) 설죽(雪竹)과 같이 인간 세상에 있는 소리가 아니다. 모두 천성이 그러하기 때문이다. 학력과는 무관하다. 당대에 이백과 온정균이 이를 계승했다.(詩有音節淸脆, 如氷絲雪竹非人間凡響者, 階天性使然)"고 했다. 이 말은 본래 시에 대한 비평어지만 사 역시 마찬가지이다. 혹자가 온정균의 사는 매우 '아름답다'하고 혹자는 '불통이다'고 한다. 그러나 양자의 차이는 크지 않다. 이해할 듯 이해를 하지 못하는 듯 하는 중에 가장 사람을 감동하게 만든다. 온정균의 사가 오늘날 가치를 인정받고 있는 것은 이런 이유에서이다. 고금을 통하여 온정균의 사를 평하기를 염려(艶麗) 처려(凄麗) 풍려(灃麗) 공려(工麗) 부려(富麗) 정려(精麗) 기려(奇麗) 섬려(纖麗) 화려(華麗) 등등의 말로 표현한다. 그러므로 독자들은 '여(麗)자'를 가지고 온정균의 사를 이해하면 최소한 절반은 이해했다고 할 수 있다.

　온정균의 「菩薩蠻」 14수는 모두 당 선종을 위하여 지은 것이다. 이들 중 묘품(妙品)이라고 할 만한 것은 제 7수 버드나무를 묘사한 것으로 버드나무를 상별(傷別)의 대표로 삼았다. 그 다음으로 잘된 것은 위몽(爲夢)이고 그 다음은 규원(閨怨) 궁원(宮怨) 순이다. 이별의 정서가 더욱 처연하고 암담하기 때문이다. 꿈을 묘사하는 것은 진실을 동경하는 것이다. 다시 말해서 작가가 말하기 어려운 것을 말하고 있다. 꿈속에서 애정을 품고 꿈으로 사랑을 말한다. 장자는 꿈으로 이를 설명하여 사람을 각성시킨다. 그러므로 온정균의 사는 의경(意境)이 아득하여 독자가 작품을 읽고 의경을 눈앞에 보면서 멀리서도 느낄 수 있게 한다. 만약 온정균이 백대의 사조라면 이 14수의 작품은 시에서 「고시 19수」의 지위에 있다고 할 수 있다.

　구두문자와 서면문자는 서로 차이가 있다. 전자는 제한이 없고 후자
는 제한이 비교적 많다. 산문어법과 변문이 다르고 변문과 시가 다르다.
시와 사는 어법상 다소 차이가 있다. 그러므로 산문어법으로 사를 감상
할 수 없다. 사는 당시에 음악적 규율이 매우 많았으며 나름대로의
구조가 있어 가장 정교하고 간단하며 풍부한 음악성이 있었다. 따라서
불필요한 글자는 반드시 생략했다. 사를 창작할 때에 필요한 글자는
다른 문학 장르와 다르다. 하나의 관념을 전달하여 양자의 연관관계를
표현하는 것을 관건사(關鍵詞)라 하고 사물의 형상을 표현하는 것을
조상사(造像詞)라고 한다. 시사에서는 전자를 많이 사용하고 후자는
많이 사용하지 않는다. 전인들은 이 방법을 사용한 사람이 많다. 온정균
이전에는 간격이 불명하였고 관건사도 적어 이를 병(病)으로 생각했다.
온정균에 이르러 이러한 결점과 제한을 이용할 수 있었다. 그러므로
단점을 이용하여 장점을 만들게 되었다라고 할 수 있다. 온정균의 시를
한 수 보자.


　　　「商山早行」
　晨起動征鐸, 客行悲故鄉. 鷄聲茅店月, 人迹板橋霜.
　槲葉落山路, 枳花明驛牆. 因思杜陵夢, 鳧雁滿回塘.


　새벽에 일어나 출정할 차비를 하네, 길손은 슬픈 고향을 떠난다.
닭 우는 소리 모옥에 달빛이 아련하고, 서리 내린 板橋에 인적이
있네.
　떡갈나무 잎은 산길에 떨어지고 탱자 꽃은 담 너머에 밝게 피었네.
杜陵의 꿈을 생각하네, 오리와 기러기 연못에 가득히 노닌다.

'鷄聲茅店月, 人迹板橋霜' 구절이 인구에 회자한 것은 의미보다는 이미지를 상징하는 단어를 사용하였기 때문이다. 張先의 '雲破月來花弄影'이 인구에 회자한 것은 '雲' '月' '花' 세 개의 이미지를 표현하는 글자들이 독자들에게 매우 자연스러운 경치를 연상시키기 때문이다. 이러한 표현은 중간관계가 불분명하여 연결하여 이해하기가 쉽지 않지만 독자로 하여금 호기심을 일으키게 한다. 독자는 추측하는 즐거움이 있고 층층이 제한이 있지만 언젠가는 알게 된다. 전체적으로 볼 때 온정균은 意象이 서로 떨어져 있는 것을 이용하여 약동하는 필법을 사용하였고 전인들이 병폐로 여기는 意象이 서로 너무 멀리 떨어져 있어 분명히 들어나지 않는 것을 독특한 자신의 장점으로 변모시켰다.

시나 사를 논하는 사람들은 작품의 밀도(密度)에 관하여 어떤 작품은 밀(密)하고 어떤 작품은 소(疏)하다고 비평한다. 밀도란 말은 물리학의 용어인데 어떻게 시에 적용을 한 것일까? 참 특이하다는 생각이 든다. 그러나 바꾸어 생각해보면 제언체인 중국 시는 오언절구의 경우 짧으면 20자이고 칠언율시의 경우 길면 56자이다. 100자도 안돼는 언어를 가지고 시인의 감정을 노래해야하니 그 언어가 얼마나 함축적이고 농도가 진해야 할지 가히 짐작이 간다. 그러므로 陳廷焯은 『白雨齋詞話』에서 "뜻이 붓보다 먼저이고, 표현하려는 말 밖에 영감이 있다(意在筆先, 神於言外)"라고 했다. 이 말은 수사의 기교에 있어서 같은 5자나 7자를 사용하여 표현할 경우 많은 내용을 포함하고 있으면 밀(密)한 것이고 그렇지 않으면 소(疏)한 것이라는 의미이다. 예를 들어 두보의 「送王十五判官扶侍還黔中」 시에서 "離別不堪無限意"라는 구절이 있다. 이 구절만 놓고 본다면 천하의 두보라도 좋은 작품이라는 말은 듣기가 힘들 것 같다. 왜냐하면 일곱 글자 전체가 단 하나 "무한한 이별의 슬픔"이란 이미지만을 말하고 있기 때문이다. 그러므로 이런 구절은 밀도가 소(疏)한 것이다. 반대로 "鷄聲茅店月"은 비록 다섯 자이지만 닭 울음소리와 초가집, 달이란 세 개의 사물이 등장하고 세 가지 이미지를 구성하며 각기 시간과 장소를 나타내고 있다. 이런 구절은 밀도가 밀(密)하다고 할 만하다. 이제 온정균의 또 다른 작품을 보자.

「달마지곡(達摩支曲: 잡곡가사 호악)」
擣麝成塵香不滅, 捌蓮作寸絲難折.
紅臉文姬洛水春, 白頭蘇武天山雪.
君不見, 無愁高葦花漫漫, 漳浦宴餘淸露寒.
一旦臣寮共困露,    欲吹羌笛先汍瀾.
舊臣頭鬢霜雪早, 可惜雄心醉中老.
萬古春歸夢不歸, 鄴城風雨連天草.


사향을 찧어 가루가 되어도 향기는 사라지지 않고
연꽃을 꺾어 작게 잘라도 실을 끊기 어려워
발그레한 얼굴의 文姬는 낙수의 봄처럼 아름답고,
백발이 된 蘇武는 천산의 눈과 같네.
그대는 근심 없는 큰 갈대에 꽃이 만발하고
장강 나루 연회가 파하자 맑은 이슬이 싸늘함을 보지 못하나?
하루아침에 신하들과 함께 이슬을 맞고
강적을 불며 먼저 물결 따라 널리 떠돈다.
옛 신하의 귀밑머리 일찍 서리 내리고
영웅호걸의 웅심이 취중에 늙어 감을 애석해한다.

　만고에 봄은 돌아가지만 꿈은 돌아가지 않고
　鄴城의 비바람은 하늘가 끝까지 닿아있네.


　위의 작품은 잡언 형식의 고체시이다. 온정균은 고시(古詩) 형식으로
사를 지었다. 그러므로 범성이 없어 사와 같지 않지만 그 어투는 이미
사의 모습을 하고 있다. 처음 두 구절은 잘 단련되어 있어 구와 구가
모두 독립적이다. 마지막 두 구절은 매우 처량하고 고통스럽다. 앞에
있는 ‘白頭蘇武’ 구절과 연결할 방법이 없는 것 같지만 이런 구절이
사에서는 독자의 상상과 이해력을 자극한다. 이런 표현이 시에서는
껄끄러운 것이고 사에서는 가장 적합한 것이기 때문이다.
　이제 그의 유명한 사「보살만(菩薩蠻)」을 보자.


　小山重疊金明滅, 雲欲度香雪. 懶起畵娥眉, 弄粧梳洗遲.
　　　照花前後鏡, 花面交相映, 新帖繡羅, 雙雙金.


　겹쳐진 작은 산 황금빛 반짝이고 풀어진 귀밑머리 향긋하게 흰 뺨을
덮고 있네. 맥없이 일어나 눈썹 그리고 천천히 화장을 하네.
　앞뒤 거울에 비녀장식 꽃을 비추니 꽃과 얼굴 서로 어울려 빛나네.
새로 입은 수놓은 비단 저고리에 쌍쌍의 자고새


　‘小山’에 관하여 다른 사람들의 작품을 보자.
　馮延巳의 ‘床上畵屛山綠’, 顧夐의 ‘枕倚小山屛, 金鋪向晚局’
　姜夔의 ‘曲之屛山, 夜涼獨自甚情緖’ 등이 있다.
　이상에서 小山은 병풍을 대표하는 것을 알 수 있다.

韓熙載의「夜宴圖」에서도 고인들의 병풍 사용을 알 수 있다.

'重疊'의 의미는 첫 째 屛風이 중첩됨, 둘 째 옛날 소위 산액(山額:머리 장식품)은 금으로 되어있고 걸음을 걸으면 흔들리면서 산의 형상을 이루고 햇빛을 받으면 광선이 요동친다. 그러므로 햇빛이 산액에 비추고 병풍의 산수화에 다시 반영된 것으로 해석할 수도 있다.

'金明滅'은 옛날 사람들은 '金碧山水'를 좋아하고 금으로 만든 장식물을 좋아했다.

'懶起' 두 구절은 일어나고 싶지 않은 상태에서 일어남을 표현한다. 이와 유사한 소재를 다룬 작품이 있다.[3]

전편은 스스로 가련해하고 원망하는 감정이 있다. 과편 이후는 여인이 화장하는 것을 묘사했다. '照花' 구절은 전편의 내용과 호응한다. 역시 스스로 가련해하며 원망을 하는 것이다.

'花面' 구절은 사람이 꽃처럼 아름답고 얼굴과 머리가 서로 잘 빛난다.

마지막 구절은 '쌍자고(雙鷓鴣)'가 있는 의상을 묘사했다. 옷에 자고새를 수놓은 것은 당시의 유행이었다. 韋莊의「詠鷓鴣」에 "秦人只解歌爲曲, 越女空能盡作衣"라는 구가 있다.

'雙'은 상징적 의미가 있다. 혹자는 이 작품은 '꿈속의 연정을 표현한다.'라고 했다. 그렇게 생각할 수도 있다. 전편은 미인이 늦게 일어나는

---

3)  「春宮怨」       杜荀鶴
   早被嬋娟誤, 欲粧臨鏡慵. 承恩不在貌, 敎妾若爲容.
   風暖鳥聲碎, 日高花影重. 年年越溪女, 相憶采芙蓉.
   일찍이 미모 때문에 잘못 생각해 거울 앞에서 화장에 게을렀지
   은혜를 입음은 미모가 아니지만, 내가 어떻게 화장을 할지를 가르치네.
   바람은 따스하고 새소리 지저귀면 태양은 높이 뜨고 꽃 그림자 진하네
   해마다 월계녀(越溪女)는 서로를 생각하며 부용을 따네.

것을 묘사하였고 마지막 구절은 상징적 의미가 있다. 첫 구절은 미풍이 불고 미인이 아직 일어나지 않음을 묘사했다.

'小山重疊金明滅'은 「洛神賦」의 "神光離合, 乍陰乍陽(미인을 말함)"의 아름다움과 같다.

제 사구는 '遲'자를 제 삼구는 '懶'자를 사용했다. 이것은 '虛寫'의 필법이다. 미인이 일어나고 싶지 않은 것을 표현하며 꿈속에서 머물고자 하는 것이다. 筆法이 高雅하다.

나머지는 머리를 빗고 화장하는 것을 썼다. 마지막 구절에서 주제를 강조했다.


　　　　　「酒泉子」　　　위장(韋莊)

月落星沈. 樓上美人春睡, 綠雲傾. 金枕膩. 畵屏深.　　　　子規啼破相思夢. 色東方才動. 柳煙輕. 花露重. 思離任.


달이 지고 별도 저물어 누각의 미인은 봄잠을 자는데 아름다운 머리채 침상으로 흘러내리고 금빛 베개 미끄럽네. 병풍은 깊게 드리웠다.

자규 새 우는 소리에 상사의 꿈에서 깨어나고 동녘이 이제 막 트려하네. 버드나무 사이 안개, 꽃잎에 내린 이슬 무겁네. 이별의 생각 자유롭구나.


미인의 춘몽과 잠자는 모습을 그린 愛情詞이다. 위장의 작품은 몽롱하여 사람들의 상상을 불러일으키며 감정과 맛의 깊이가 깊다.

'綠雲傾'은 긴 머리칼이 침상에서 아래까지 닿아있는 모습으로 고요한 모습이다. 온정균은 '鬢雲欲度香腮雪' 즉 머리칼이 산들바람에 가벼이 나부끼는 모습으로 동태적으로 묘사했다. 온정균이 위장에 비하여 더 깊은 맛이 있다.

　　「菩薩蠻」 (제2수) 온정균(溫庭筠)
　水精簾裏頗黎枕. 暖香惹夢鴛鴦錦. 江上柳如煙. 雁飛殘月天.
　　藕絲秋色淺. 人勝參差剪. 雙鬢隔香紅. 玉釵頭上風.


수정 수렴 속 유리 베개, 따스한 향기 원앙금침 꿈을 꾸게 하네.
강가의 버들가지 안개와 같고 기러기는 초승달 뜬 하늘로 날아가네.
　비단 옷 초가을 담황색, 사람 형상의 머리 장식물을 만든다.
양 귀밑머리 붉은 꽃을 꽂고, 옥비녀 꽂은 머리 바람이 부네.


　이 작품은 온정균의 특징을 잘 나타내는 작품으로 '美'와 '不通(隔)'을 잘 사용하고 있다.
　『太眞外傳』에 명황과 양귀비가 함께 모란을 감상하고 있었다. 명황은 새로운 사를 짓고자 이백을 불러 「淸平調」를 짓도록 했다. 양귀비는 칠보유리잔에 포도주를 따라 마시는 것을 좋아했다. 당시 유리잔은 귀중한 그릇이었음을 알 수 있다.
　온정균의 시에 "琉璃枕上聞天鷄"라고 했다. 세상에 이런 물건이 있는지 모르지만 작품에서 水晶을 사용하여 맑고 깨끗하다. 또 암암리에 부귀하고 고아한 모습을 드러내고 있다.
　'暖香'은 『홍루몽』에서 秦可卿 방의 '恬香'과 유사한 상징적 수법이다. '惹夢' 두자는 내면의 세계를 잘 표현했다.

‘錦’은 ‘衾’의 의미이다. 이불인지 커튼인지 명백하지는 않다. ‘鴛鴦枕’
역시 깊은 의미가 있다. ‘惹夢鴛鴦錦’ 구절은 우수와 고독의 맛이 있다.
이 작품은 아름답고 음조와 색체가 모두 좋다. 또 매우 높은 예술적
수법을 사용한다. 그러나 의미가 매끄럽지 않고 기탁이 없는 것 같다.
이러한 것에는 정답이 없다.

처음 두 구절은 거처가 매우 화려함을 묘사하여 사람으로 하여금
깊은 꿈에서 깨어나지 못하게 한다.

세 번째 구절은 변화를 준 곳(轉折處)이다. 새벽의 쓸쓸한 경치를
묘사했다. 그러므로 앞 구절과 차이가 크다. 경치가 꿈속에서 연속되는
것으로 보아 세 번째 네 번째 구절도 꿈속의 경치이다. 가장 조화를
이룰 수 없는 곳에서 조화를 이루고 관계가 없는 곳에서 관계를 맺고
하는 것은 모두 꿈의 작용이다. 독자로 하여금 반신반의하는 중에 공감
을 느끼게 한다.

제삼 제사 구의 경치 묘사가 매우 아름답다. 마치 눈앞에 있는 것처럼
絕妙好詞라 할 수 있다. 시구로 하면 다소 연약하다. 시와 평측이 같지
만 이 점도 詩와 詞의 차이라고 할 수 있다.

‘藕絲’에 관하여 溫庭筠의 「歸國謠」에 “舞衣無力風斂, 藕絲秋色
染”이라 하고 李後主의 「天上謠」에 “粉霞紅綬, 藕絲裙”이라 했다.
그러므로 藕絲는 비단[絲羅] 종류에 속하는 옷감이다.

‘秋色淺’ 구절은 가을색은 담황색이나 백색이다. 그러므로 ‘淺’이라고
한 것이다.

‘勝’은 머리의 장식물이다. ‘人勝’은 사람 형상으로 잘라서 만든 장식
으로 위에서는 의복에 관하여 아래에는 장식에 관하여 언급한다.

‘雙鬢’에 ‘紅花’를 꽂아 향기가 난다. 머리를 움직이면 장식도 움직인

다. 완약한 기풍이 있다.

'藕絲' 두 구절은 미인을 가리키는지 아니면 경치를 말하는지 분명하지 않다. 묘사한 것은 모두 독립적인 사물의 형상이다.

'通'과 '不通' 사이에서 독자로 하여금 각각 나름대로의 상상을 하게한다.

'嚴粧'으로 미인을 형상화한다. 옅고 짙은 화장이 모두 잘 어울린다. 온정균은 휘황찬란한 단어를 사용하여 화려하고 색감이 진한 詞를 써서 독자로 하여금 스스로 추구하고 상상하게 만든다.


「菩薩蠻」 (제 5수)
杏花含露團香雪. 綠楊陌上多離別. 燈在月朧明. 覺來聞曉鶯.
　　玉鉤褰翠幙. 粧淺舊眉薄. 春夢正關情. 鏡中蟬鬢輕.


살구꽃 이슬 머금고 둥근 눈물 흘린다. 길가의 푸른 버들 얼마나 많이 이별을 했나. 등불은 달빛 어두운 곳을 밝게 비추고 새벽 앵무새 소리를 듣고 꿈에서 깨어나네.

비취빛 휘장을 옥 갈고리에 거네, 화장도 옅어지고 눈썹도 흐려졌네. 봄날의 꿈속에서 마침 변방의 이별을 느꼈네, 거울 속의 매미날개 같은 머리 아름답구나.


'杏花'는 백색에 황색을 띠고 있다. 첫 구절은 이슬 대문에 서로 섞이어 있는 모습으로 마치 白花같다. 온정균의 「春江花月夜」 시에 "千里涵空照水魂, 萬枝破鼻團香雪."이라고 했다. 여기서 '香雪'은 꽃을 대표한다.

첫 번과 두 번째 구절은 이른 이별을 묘사했다.

'多'자는 자신과 타인, 과거와 현재 미래의 이별을 한 번에 쓰고 있다. 추상적인 깊이가 일반적인 것을 뛰어넘었다. 이 작품은 봄날의 이별을 노래한다. 그러나 이별한 시기를 알 수 없다. 아니면 과거의 이별, 꿈속의 이별, 꿈이 깬 후 당일의 이별인지 확실하지 않다.

두 번째 구가 있어 첫 구의 의인화를 알 수 있다. 꽃에 이슬이 매친 것을 사람의 눈물에 비유했다. 온정균의 사에 "궁중의 꽃에 이슬이 맺히니 마치 새로운 눈물 같네(宮花有露如新淚)"라고 했다.

제 3구절은 시간을 명시한다. 깊은 밤에 다시 자다가 깨어나니 이미 아침이다. 꿈에서 깨어나 이별을 추억하고 다시 잠을 잔다.

제 5구절은 부귀한 생활과 아침 풍경을 썼다. 하루 밤의 전전반측을 통하여 화장이 어지러워져서 다시 화장을 해야 한다.

마지막 두 구절은 무심(無心)한 화장을 묘사한다. 제 7구절은 꿈속의 감정과 풍경을 묘사하여 전후의 순서를 거꾸로 한 수법이 고묘하다. 마지막 구절은 다시 화장하는 모습과 자신의 아름다운 모습을 그렸다. 그러나 자신의 아름다움은 이미 관심이 없고 진정한 관심은 사랑하는 사람에게 있다.

온정균의 「河瀆神」에 "蟬鬢美人愁絕, 百花芳草時節"이란 구절이 있다. 마지막 두 구절은 본래 情語이다. 온정균은 감정을 잘 묘사한다. 특히 경치를 묘사[景語]하는 말로 감정을 표현하는 말[情語]을 잘 뽑아낸다. 또 전편 「菩薩蠻」(제2수)의 '水精'이나 '雁飛' 구절은 모두 감정을 불러일으키는 구절이다.

'蟬鬢輕'의 '輕'자는 이해가 갈 듯 말 듯 한 경지이다. 본래는 매미의 날개가 얇아 아름다워 그것에서 미인을 연상한다. 물론 "중요하게 생각하지 않는다."라고 해석할 수도 있다. 그러면 마음이 모두 사랑하는 사람에게 매여 있어 자신의 아름다운 모습을 별로 중요하게 생각하지 않는다는 의미가 된다. 『시경(詩經) 위풍(衛風) 백혜(伯兮)』에 "어찌 기름 바르고 머리감지 못 하리요마는 누구를 위해 화장할 것인가?(豈無 膏沐, 誰適爲容)"라 했다.

전체적으로 이별 후의 슬픔에 대하여 깊게 표현하지 않았으나 자신을 낮추며 가벼이 여기는 모습을 썼다. 언어가 완곡하여 당시 이별의 슬픈 감정을 보는 듯 하다. 수법이 더욱 발전하여 자신의 미모와 청춘을 대수롭지 않게 보고 있다. 이런 점이 독자로 하여금 슬픔을 참을 수 없게 한다.

「菩薩蠻」 (제 6수)
玉樓明月長相憶. 柳絲裊娜春無力. 門外草萋萋. 送君聞馬嘶.
　畫羅金翡翠. 香燭鎖成淚. 花落子規啼. 綠窓殘夢迷.

옥루에 보름달 구경하러 오르던 추억, 버들가지 바람에 하늘거리고 봄은 무력하네. 문 앞의 풀들이 많이 자라 무성했고, 그대를 보내며 말 우는 소리를 들었지.

비단 휘장에 황금실로 수놓은 비취 새, 향초가 밤새 눈물을 흘린다. 꽃이 지고 자규 새 울고, 일어나 녹창에 기대면 잔몽이 아른거린다.

'玉樓'는 장소와 부귀한 생활을 말한다. '明月'은 시기를 말한다. 시기와 장소가 좋고 날씨도 서늘한 밤은 경치를 즐기기 좋은 때이지만 의표를 찌르는 것은 '相憶'이란 말이 뒤를 잇는다. 이런 좋은 시절에 손을 잡고 함께 옥루에 오를 임이 없어 처량한 것이다.

두 번째 구절은 이별의 장면이다. 賦法, 比法에 속한다. 첫 구절을 받아서 늘렸고 버들은 비유이다. 버들가지로 인생을 비유했다. 이상은 (李商隱)의「무제시」에 "東風無力百花殘"이라고 하여 인생의 무력함과 어쩔 수 없음을 비유했다.

'門外' 구절은 앞의 '長相憶'을 받는다. 문 앞의 풀들이 많이 자라 무성하다. 당시 이별의 풍경이 다시 눈앞에 떠올라 깊이 환상에 빠진다. 현재와 과거가 하나로 융합되어 있다. 비록 오래 전에 이별했지만 기억은 더욱 새로워 잊을 수가 없다.

두 번째 구절은 비유의 방법으로 경치를 묘사한다.

'畵羅', '香燭'은 앞 구절과는 독립적인 내용이다. 고인들은 '畵羅'를 '羅衣', '羅帳'이라고 했다. 송나라 신기질(辛棄疾)「축영대근(祝英臺近)」에 "희미한 불빛 아래 비단 휘장아래 누워, 꿈속에서도 목메어 운다.(羅帳燈昏, 哽咽夢中語)"고 했다. 여기서는 아마도 비단 휘장을 말하는 것 같다.

이상은의「무제시」에 "노란 촛불이 비춰 새를 수놓은 비단 금침을 비친다(躡照半籠金翡翠)"고 했다. 여기서는 비단 휘장인지 이불인지 명확하지 않지만 하여간 부유한 생활을 노래한 것이다.

'香燭鎖成淚'는 '香鎖燭成淚'로 되어야 한다. 밤이 깊으면 향이 다 타고 촛농이 녹아 흐르는 것은 당연하다. 온정균은 여기서 두 가지를 서로 혼합하여 묘사했다. 주인공은 부귀한 가정에서 긴 밤 잠 못 이루고 독수공방한 것이다.

꽃이 떨어진 것은 봄이 다 지나간 것을 의미한다. 유월(俞樾)의 명구 '꽃은 졌지만 봄은 여전하네(花落春仍在)'는 예외 일 뿐이다.

봄이 가고 자규 새 울면 그 울음소리가 '不如歸去'처럼 들린다고 한다. 처음 꿈을 꾸다 자규 새 울음소리에 깨어났지단 여전히 꿈속의 상황을 잊지 못하며 상심에 빠져 있다. 마지막 구절의 '迷'자가 심정을 잘 표현한다. 꿈이나 경치 모두 처량하다.

「菩薩慢」 (제 10수)
寶函鈿雀金鸂鶒. 沈香閣上吳山碧. 楊柳又如絲. 驛橋春雨時.
　畫樓音信斷. 芳草江南岸. 鸞鏡與花枝. 此情誰得知.

　보석함에 금으로 만든 머리 장신구를 넣어두네. 沈香閣에 함께 올라 오산의 푸름을 즐기던 사람이 이미 떠났네. 수양버들은 또 다시 실처럼 늘어져 있네. 역참의 다리에는 봄비가 내리네.
　畫樓에 소식은 끊기고 아름다운 풀은 강남 언덕 가에 피었네. 아름다운 난경과 꽃가지, 이런 상사의 감정을 누구에게 알리리.

　첫 세 구절은 연속하여 묘사한 것으로 독자들로 하여금 과거를 회상하게 만든다.
　'寶函'은 머리 장식물을 넣어두는 상자이다. 머리 장식을 이곳에 보관하고 머리에 달지 않았음을 밝히고 있다. 당시 沈香閣에 함께 오르던 사람이 이미 떠났기 때문이다. 여기에 나오는 오산은 진정한 吳山을 말하는 것이 아니라 병풍 속의 산을 말하는 것 같다. 위장(韋莊)의 「蝶戀花」 사에서도 "畫屏閒展吳山翠"라고 했고 온정균의 다른 작품 「春日」에서도 "屏山吳山遠"이라고 했다. 그러므로 당시 병풍에 강남의 산수가 그려져 있었거나 아니면 당시 강남에 이미 도착하여 과거 병풍의 경치를 떠올리고 감회를 적은 것일 수도 있다.

　여자는 자기를 사랑해주는 사람을 위하여 용모를 가꾼다. 지금 사랑하는 임이 이미 떠났는데 무엇을 위해 화장을 할 것인가? 그래서 머리장식을 하지 않은 것이다. 今昔之感을 분명하게 언급하지는 않았으나 느낌 속에 그것이 드러난다.

　'楊柳' 두 구절은 감정과 경치가 모두 아름답다. 매우 상황에 적절한 표현이다.

　'又'자는 수 많은 감정과 애원이 있음을 말한다. 만약 그것이 이미 감정에 녹아들었다면 가슴을 쓰라리게 할 것이다. 올해 수양버들은 이전과 마찬가지로 실처럼 늘어져 있다. 내 상사의 감정도 이전과 마찬가지로 변함이 없다. 여기서는 이미 약속을 어긴 혹은 약속이 수년간 지난 것을 말한다. 음절과 정사(情事)가 매우 잘 어울린다.

　'畵樓'는 沈香閣을 받고 있다. 당시 함께 병풍의 오산을 감상하던 사람이 지금은 이미 강남으로 떠났고 소식도 끊어졌다.

　'音信斷' 세 글자는 주인공으로 하여금 불행인지 아니면 객사했는지 알 수 없게 만든다. 소식도 없고 다시 만날 희망도 전혀 없다.

　'江南岸'은 의미상 '吳山碧'을 받는다. 소식이 끊어졌을 때 강남은 풀들이 무성하고 앵무새 날며 좋은 시절이었다. 나의 내심의 고통을 누구에게 어떻게 말할 것인가?

　'鸞鏡'과 '花枝'는 나에게 아직 남아있는 아름다움을 말하지만 내심의 초췌함을 무엇으로 표현할 수 있는가?

　'枝'와 '知'는 배친법(陪襯法)에 속한다. 예를 들어 「越人歌」에 "山有木兮木有枝, 心悅君兮君不知", 또 曹丕의 「善哉行」 시에 "高山有崖, 林木有枝. 憂來無方, 人莫之知."라고 했다. 옛날에는 '枝'자와 '知'자를 함께 사용하였다.

거울과 꽃은 무정한 물건으로 상사의 마음을 어떻게 알 수 있겠는가? 마지막 두 구절은 매우 침통하다. 온정균은 농염한 필벌으로 침중(沈重) 한 감정을 묘사했다.

「菩薩蠻」 (제 11수)
南園滿地堆輕絮, 愁聞一霎淸明雨. 雨後卻斜陽, 杏化零落香.
　　無言勻睡臉, 枕上屛山掩. 時節欲黃昏, 無聊獨倚門.

남원 가득 버들 솜털 쌓였고 갑작스런 소리 들리고 청명에 비가 내리네. 비 그친 후 해는 기울고 살구꽃 떨어져 향기롭네.
　말 없이 방금 일어나 얼굴 다듬고 베개 머리 병풍의 산으로 가리어 졌네. 마침 황혼녘에 무료하게 홀로 문에 기대네.

낮잠을 자고 일어나 스스로 머리를 빗고 밖을 보니 이미 황혼이 되어 무료한 중에 창가에 기대어 바라보고 있다.
　첫 구절은 봄날이 저물어 감을 묘사했다. 청명(淸明)이 지나고 꽃이 지면 봄이 저물어 간다. 두 번째 구절의 '愁' 자가 전편의 의미를 관통하고 있다.
　'無聊獨倚門'은 작가의 「望江南」사의 '梳洗罷, 獨倚望江樓'와 느낌이 같다. 강루에서 돌아오는 배를 바라보다 저녁이 되어도 그리운 임의 배가 보이지 않아 애간장 끊어진다. 마지막 구절은 너무 노출이 심하다. 마지막 구절은 역시 경치를 묘사하는 말로 감정을 마무리하는 것이 가장 좋다. 사람으로 하여금 깊이 생각하도록 만들기 때문이다. 그러나 이 작품은 전반에 쌓인 감정이 여기까지 이른 것이다. 그러므로 이미 어쩔 수 없는 상황이라 부득이 감정을 그대로 표현한 것이다. 나쁘다고는 할 수 없다.「夢江南」사는 첫 두 구절이 가장 어렵다.

이와 비슷한 환경의 작품을 하나 예로 든다.

「蝶戀花」　　零落香 (王國維)
閱盡天涯離別苦. 不道歸來, 零落花如許. 花底相看無一語. 綠窗春與天俱暮.　　　　待把相思燈下訴. 一縷新歡, 舊恨千千縷, 最是人間留不住. 朱顔鏡花梓樹.

이 작품은 이별 후 다시 만난 상황을 말하고 있다. 감정이 매우 풍부하고 조절이 되지 않은 느낌을 준다. 온정균은 이별의 장면을 묘사하면서 감정을 뽑아냈다. 그러므로 감정을 뽑아낼 줄 알면 좋은 작품을 쓰게 된다. 그리고 감정에 주의하게 되면 감정에 불을 지필 줄 알게 된다.

「更漏子」 (제 1수) 온정균
柳絲長(평), 春雨細(측), 花外漏聲迢遞(측). 驚寒雁(측), 起城烏(평), 畫屛金遮鴣(평).
香霧薄(측), 透簾幕(측), 惆悵謝家池閣(측). 紅燭背(측), 繡簾垂(평), 夢長君不知(평).

버들가지 늘어지고 봄비는 가늘게 내리고 꽃 넘어 물방울 떨어지는 소리 아득하네. 변방의 기러기 놀라고 성안의 까마귀 날아오르고 병풍에는 금빛 자고새.

향긋한 연한 안개가 휘장 안으로 스며들고 시름에 잠긴 미녀는 연못의 누각에 있네. 붉은 촛불 등지고 수놓은 휘장을 내린다. 이 기나긴 꿈 그대는 모르리.

‘鴣’ 자와 ‘知’ 자는 평운이다. 다소 유별난 구조이다.

첫 두 구절은 대구이며 측기운 평측 호환에 속한다. ‘측측평평’, ‘측측 측평평’은「菩薩蠻」과 같지만 반드시 대구를 해야 한다.「更漏子」는 모두 여섯 수이고 위의 작품은 첫 번째 작품이다. 陳廷焯의『白雨齋詞 話』에 “飛卿菩薩慢與更漏子, 皆臻絶句, 收束無繼, 全祖風騷”라고 했다.

첫 구절에서 의미가 완결되는 것 같으면서 끊어지다가 봄비에 의해 계속 연결된다. 늦봄이란 시간을 표시한다. ‘春雨’는 자신의 근심을 끌어내는 역할을 한다. 만약 작가가 남성이라면 술로 근심을 달래보겠지 만 여기서 작가는 규방의 부인이라 어떻게 해야 좋을지를 모르는 것이 다. 그러므로 紗자와 煙자를 언급하여 그 근심이 많은 것을 표현했다.

세 번째 구절은 ‘春雨’의 경치를 묘사했다. 이상은의「重過聖女祠」 시에 ‘一春夢雨常飄瓦’ 역시 동일한 경치를 묘사했다. 이때 부인의 심정은 이미 황홀하여 빗방울 소리를 시계 소리로(漏聲 : 옛날에는 호로병 같은 것에서 물방울이 떨어지는 것으로 시간을 계산했다.) 잘못 알아들은 것이다. 이 소리는 자신이 그리워하는 사람이 있는 곳에서 전해지는 소리이다.

다음 세 구절은 위와 연결짓기가 어렵지만 반드시 시계의 물방울 소리와 연결된다.

‘漏聲’이 처량하기 때문에 심정도 처량하다. 이런 마음은 북쪽으로 날아가는 기러기를 놀라게 하기에 충분하고 성위에 까마귀를 날게 하기에 충분하다.(금수를 감동시키기에 충분하다.) 아니면 작가가 이 사의 외경(外景)을 적은 것일 수도 있다. 원래는 아무 생각 없이 사를 지었으나 사를 지으면서 사람과 새가 서로 연결되어 천고의 명작이 된 것이다.

병풍의 금빛 자고새는 무생물로 감동을 받지 않지만 깊은 상사(相思)로 이 자고새조차 감동되는 것 같다. 이러한 것이 온정균의 일관된 창작법이다. 함축미가 최고라고 할 수 있다.

청대 한 여인은 "無情最是西天佛, 訴盡春愁總不知"라고 했다. 여기서 '金遮鴣'는 무정함을 상징하는 '西天佛'의 의미이다.

過片은 거실의 화려한 경물을 묘사했다. 그런데 이런 아름다운 거실에 사는 주인은 근심에 쌓여있다. 바로 反筆襯託의 비법이다.

張泌의 「寄人」 시에 "別夢依依到謝家, 小廊回合曲闌斜. 多情只有春庭月, 猶爲離人照落花."라고 했다. 온정균이나 장필의 작품에서 '謝家'는 '靑樓'를 가리킨다.

'惆悵'은 이 작품의 여인이 생각하는 사람이 청루에서 머무르며 돌아가려 하지 않음을 말한다. 고인들은 모두 燭淚로 사람의 눈물을 대신했다. 두목(杜牧)의 시 「贈別」이 있다.

> 多情却是總無情, 唯覺尊前笑不成.
> 蜡燭有心還惜別, 替人垂淚到天明.

> 다정함이 도리어 무정함 같아
> 술잔 앞에서도 웃음이 나오지 않네.
> 촛불도 유심하여 이별을 아끼는 듯
> 내 대신에 새벽까지 눈물을 흘리네.

「蝶戀花」      晏幾道

醉別西樓醒不記, 春夢秋雲, 聚散眞容易. 斜月半窗還少睡, 畫屏閒
展吳山翠.        衣上酒痕詩裏字, 點點行行, 總是淒凉意. 紅燭自憐無
好計, 夜寒空替人垂淚.


취중에 서루에서 이별을 하고 깨어나도 기억하지 못해 봄 꿈 가을
구름처럼 만나고 흩어지는 것 정말로 쉽구나. 반쪽 창문으로 비추는
비스듬한 달빛 잠 못 이루고 병풍에 한가롭게 펼쳐진 오산은 푸르구나.
옷에 남은 술자국과 시구들 점점마다 줄 줄마다 온통 슬픈 뜻으로
가득하네. 붉은 촛불도 스스로 가련하여 좋은 방법이 없어 추운 밤
헛되이 내대신 눈물 흘린다.


이 순간의 심정은 걱정 때문에 매우 초조하다. 붉은 촛불을 뒤로
하고 잠만 자는 자고새는 무정하기만 하다. 붉은 촛불은 감정이 있지만
감히 바라볼 수가 없다. (수렴이 내려져 있어 잠을 자며 앉아 있지
않은 것을 알 수 있다) 처량한 의미를 나타낸다.
마지막 구절은 저녁이 되어 잠을 자면서 꿈속에서 항상 그리는 사람을
찾는 것을 묘사한다. 그러나 나의 마음을 당신은 전혀 알지 못한다.
五代의 고형(顧敻)은 「訴衷情」에서 "換你心, 爲我心, 始知相憶深"
이라고 했다.
이 작품은 전반에 병풍의 금빛 자고새로 결말을 맺고 '漏聲'으로 感傷
을 그렸다. 자고새는 무정하고 물시계 소리도 듣지 못한다. 하반부는
이별을 묘사한다. 사랑하는 사람이나 이별 때문에 슬퍼하는 사람 혹은
절교한 사람이 마치 병풍의 자고새 같다. 상사의 한스런 상처가 두

가지를 서로 비교하면서 드러난다.

「更漏子」 (제 2수)   온정균

星斗稀, 鍾鼓歇, 簾外曉鶯殘月. 蘭露重, 柳風斜, 滿庭堆落花.

　　虛閣上, 倚欄望, 還似去年惆悵. 春欲暮, 思無窮, 舊歡如夢中.

별도 드물고 가무소리도 그친다. 수렴 밖 새벽 앵무새 소리 잔월만 남아. 난초에 맺힌 이슬 무겁고 버들가지 바람에 비스듬히 날리네. 정원 가득히 낙화만 쌓인다.

공허한 누각에서 난간에 기대어 멀리 바라본다. 여전히 작년의 근심과 같네. 봄은 저물어가고 생각은 무궁하네. 옛 즐거움 꿈속만 같아.

'星斗稀'는 달이 밝거나 혹은 밤이 다 지나 거의 날이 밝아올 때를 말한다. 여기서는 후자를 가리킨다.

두 번째 구절은 가무가 새벽까지 이어진 것을 말한다. 문장의 입장에서 구절 수의 배열을 보면 2 1 3 배열이 맞지만 작가는  1 2 3 식의 배열을 선택했다.

세 번째 구절은 첫 번째 구절과 호응하지만 작품을 읽어보면 복잡한 감을 느낀다. 온정균은 습관적으로 평이해 지는 것을 막기 위하여 이런 방법을 사용한다.

네 번째 구절은 난초의 생기가 강한 것으로 봄날을 암시한다. 그러므로 버드나무가 새벽바람에 휘날리는 것이다. 그러나 하늘은 금상첨화를 좋아하지 않는 듯 꽃과 나무가 무성할 때 이미 낙엽은 떨어진다. 낙엽이

지지만 아무도 주의하는 사람은 없다. 杜甫는「夢李白」에서 "명예가 서울을 가득 덮었지만, 나 홀로 초췌하네(冠蓋滿京華, 斯人獨憔悴)"라고 했다. 대비법이다. 절정에 달한 것으로 쇄락한 것을 비유했다. 그러나 두보의 시는 감정을 노출시켰고 온정균의 이 작품은 감정을 전혀 노출시키지 않았다. 이것 역시 시와 사의 차이점이다. 대비법은 후인들이 즐겨 사용하였다.

「靑玉案」    사달조(史達祖)
蕙花老盡離騷句. 綠染遍、江頭樹. 日午酒消聽驟雨. 靑楡錢小. 碧苔錢古. 難買東君住.    官河不礙遺鞭路. 被芳草、將愁去. 多定紅樓簾影暮. 蘭燈初上. 夜香初炷. 猶自聽鸚鵡.

난초꽃 모두 떨어진 아름다운 화원, 녹음이 사방에 진하고 강변의 나무. 오후에 술기운 사라지고 소나기 소리 들리네. 푸른 느릅나무 잎은 동전만큼 작고, 파란 담장의 이끼는 오래되었네. 돈으로도 東君이 머무를 시간을 살 수가 없다.
官河는 대로에서 말달리기에 방해가 되지 않네. 아름다운 꽃을 보면 수심이 사라지네. 홍루에 오래 머물고 수렴 그림자 또 저무네. 난초 등불 처음 키고, 밤 향불 피우며 앵무새 우는 소리를 듣는다.

이 사는 전후편 五句에 모두 운을 사용하고 있다. 雙調 66字, 전후편 각 6구절로, 5 仄韻、1 疊韻이다.「靑玉案」은 일운도저(一韻到底)로 비교적 쉽게 지을 수 있는 사패이고 음절이 견고하다.
『離騷』에 "余旣滋蘭之九畹兮, 又樹蕙之百畝"라고 했다. '九畹'은

난초를 심는 것을 비유한다. '원(畹)'은 도량형의 단위로 12 무(畝)를
1 원(畹)이라고 한다.

두 번째 구절 '綠染'은 봄철의 경치를 그렸다.

'유전(楡錢)'은 느릅나무 잎이 돈처럼 생겼기 때문에 '楡錢'이라고
불렀다.

셋째 구에서 담장의 이끼가 원을 그리며 생기는 것을 '苔錢'이라고
했다. 먼저 사람과 이별함을 노래하고 타지에서의 상춘(傷春)을 묘사한
후 시간이 돌아오지 않음을 탄식한다. 그리운 사람은 먼 곳에 있고
한가로이 누각에 올라 앵무새를 감상한다.

시간은 돈으로 살 수 없다. 그러므로 길손도 장차 멀리 떠나려 하고
봄바람이 부는 중에 이별을 하였고 술이 깬 후 걱정이 너무 빨리 온다.
봄철의 화려함은 이미 사라지고 홍루에 거하면서 등불은 꺼지고 향기만
남아 따스하다. 앵무새 소리만 들린다. 두 가지 상황의 심정이 상호
대비가 된다.


　　　　「浣溪沙」　　안기도(晏幾道)
　午醉西橋夕未醒, 雨花凄斷不堪聽. 歸時應減鬢邊靑.　　衣化客
塵今古道, 柳舍春意短長亭. 鳳樓爭見路旁情.


낮에 서교에서 취하여 저녁이 되도 깨지 못하네. 비에 꽃이 처량하
게 떨어지는 소리 차마 들을 수 없네. 돌아갈 때 응당 귀밑머리 검은
빛이 줄어들었지.

옷은 거리의 먼지로 검어지고 예전부터 있던 길가의 버들은 장정
과 단정에서 봄뜻을 머금고 있네. 鳳樓에서 길가의 풍경을 다투어

감상하네.


　'衣化' 구절은 '京洛多風塵, 素衣化爲緇'의 의미이다. 부정부패와 같은 사회적 오염으로 흰색 옷이 검게 물이 든 것을 암시한다.

　이별의 감정을 묘사했다. 나중에 만나는 것도 쉽지가 않다. 마지막 두 구절은 사람이 사회에 영향을 받아 변한 것을 묘사한다. 길 옆이나 정자 옆에 있는 버들은 봄기운을 여실히 보여준다. 사람의 슬픈 감정은 대단하지만 사물의 무정함이 심하다.

　여기의 두 구절은 길거리상의 대비이다. 이것과 가정의 대비를 함께 살펴보면 진의를 말하지 않음을 알 수 있다. 저자의 생각은 이런 대비 속에 녹아있다. 시는 대비를 많이 사용하지 않는다. 하지만 사는 대비를 많이 사용하여 독자로 하여금 상상하게 만든다. 아래에 또 다른 대비를 운용한 작품의 예를 든다.


　　「浣溪沙」　　왕국유(王國維)
　天末彤雲暗四垂, 失行孤雁逆風飛, 江湖寥落爾安歸?　　陌上 金丸看落羽, 閨中素手試調醋, 今朝歡宴勝平時. 」


　하늘가 붉은 구름 사방에 어둡게 드리우고 길 잃은 외기러기 역풍으로 힘들게 난다. 강호에 표류하는 그대는 언제 돌아가려나?

　언덕에서 사냥하여 새가 떨어지는 것을 보고 규중의 섬섬옥수 요리를 하네, 오늘 아침 즐거운 연회가 평시보다 낫네.

　실망과 이별의 감정을 묘사한다. 괴로워하는 사람은 스스로 괴로워하고 기뻐하는 자는 스스로 기뻐한다. 심지어 다른 사람의 고통이나 사망을 기뻐하는 경우도 있다. 이런 대비법은 작가의 슬퍼하거나 화가 난 심정을 알 수 있게 한다. 왕국유의 작품에서 상편은 번성하는 중에 쇠락함이 있고 기쁨 중에 고통이 있다.

온정균이 대비법으로 사를 지은 것은 미묘하여 알기 어렵고(微妙難識), 비슷한 것 같으면서도 사실은 다르다. 마치 '露重風斜'나 '滿庭花落'과 같다. 그러므로 사람들로 하여금 그 의미를 다시 생각해 보게 만든다.

「更樓子」 과편은 전반의 의미를 연속하여 묘사하면서 '虛閣'에 서 있는 인물은 여전히 쇠락하고 고민하는 사람이다. 이것도 상편과 대비가 된다. 이 사람은 밤새 잠을 못자고 먼 곳에서 들리는 종소리와 노래 소리를 듣는다. 그리고 새벽에 난간에 기대어 멀리 바라본다. 여전히 작년과 같은 상황이다.

작년의 근심과 걱정 여전한데 올봄에 또 낙화를 본다. 그러므로 무료한 상사와 무한한 처량감이 든다. 이 두 가지 감정은 원래 허한 마음을 가득 채운다. 지금 높은 누각에 있지만 지난 일은 꿈에서도 추억할 수 없다. 마지막 두 구절은 다음과 같은 의미이다.

「生查子」 旅夜  淸 팽손휼(彭孫遹)
薄醉不成鄉, 轉覺春寒重. 枕席有誰同? 夜夜和愁共.　　夢好恰如眞, 事往翻如夢. 起立悄無言, 殘月生西弄.

약간 취했지만 고향을 꿈꿀 수 없네, 도리어 봄날의 한기가 느껴진다. 이 자리 누구와 함께하나? 밤마다 근심과 같이 하네.

꿈이 좋아 마치 사실 같네, 지난 일이 다시 떠올라 마치 꿈속 같다.

일어나 근심에 아무 말 없고 조각달 서쪽 골목에 떠오른다.

「更漏子」 (제 6수)
玉爐香. 紅蠟淚. 偏照畫堂秋思. 眉翠薄. 鬢雲殘. 夜長衾枕寒.
梧桐樹. 三更雨. 不道離情正苦. 一葉葉. 一聲聲. 空階滴到明.


옥루의 향기 퍼지고, 붉은 촛불이 눈물 흘리며 화당의 〇을 생각하는 이를 하필이면 비출까? 눈썹은 지워지고 머리는 헝클어졌네, 밤은 길고 이불과 베개는 차갑구나.

오동나무에 떨어지는 한 밤중의 빗방울 소리. 이별의 정이 괴로움을 말하지 않고, 잎마다 뚝뚝 거리고 빈 섬돌위에 새벽까지 떨어지네.


첫 번째 구절은 옥루의 향이 사방으로 흩어지며 '紅蠟淚'를 이끈다. 이런 것을 배친법(陪襯法)이라고 한다. 온정균은 사에서 이런 방법을 잘 사용했다. 이 방법은 때로는 오묘하지만 때로는 군더더기가 될 수도 있다. 상황을 보아 사용을 결정해야 한다.

'紅蠟淚'는 한 사람의 눈물을 대표한다. 이곳은 '光' 자를 사용해야 할 것 같기도 하다. 다음 구절이 '光'과 연결되기 때문이다.

'秋思' 구절 다음 어의를 생각하면 뒤에 '之人'이란 말을 첨가하는 것이 좋다. 즉 촛불이 가을 생각을 하는 사람을 비친다는 의미이다.

이 여인은 침대에서 전전반측(輾轉反側)하며 잠 못 이루고 있다. 저녁 화장을 한 검은 눈썹과 머리가 다 헝클어졌다. 잠을 이루지 못하여 밤이 길고 베개가 차가운 것을 느낀다. 원앙금침에 독수공방하는 심정을 상상할 수 있다. 비록 이불은 차갑지 않지만 마음이 차가운 것이다.

'眉翠' 이하 세 구절은 상사(相思)를 표현한다.

　빗방울이 오동잎에 떨어지는 소리는 매우 쓸쓸하다. '不道' 두 글자는 상하 문맥을 단절시킨다. 이 구절로 상편의 秋思를 연결하여 하편이 잘 통하지 않는다. 상사의 마음이 깊어 잠을 못 이루고 새벽의 창밖 빗방울 소리를 들을 수 있는 것이다.

　'梧桐雨'는 눈물을 상징한다. 송대의 사인들은 "枕前淚與階前雨, 膈着窓兒滴到明(聶勝瓊 「鷓鴣天」)"이라고 했다. 이런 상황은 저자의 이 작품 마지막 세 구절의 의미와 동일한 내용이다.

　　　「眉峰碧」　　無名氏(송대)
　蹙破眉峰碧. 纖手還重執. 鎭日相看未足時, 便忍使鴛鴦隻.
　　薄暮投春驛. 風雨愁通夕. 窓外芭蕉窓裏人, 分明葉上心頭滴.

　「眉峰碧」역시 「更漏子」의 마지막 세 구절의 의미와 유사한 분위기를 표현한다.

　易安詞 「聲聲慢」에 "梧桐更兼細雨, 到黃昏、點點滴滴. 這次第, 怎一個愁字了得."이라고 오동우를 노래했고 유명한 백거이(白居易)의 「琵琶行」에서도 "秋雨梧桐葉落時"라 했다. 이런 것들은 모두 가을과 비 오동이라는 세 가지 종류의 처량함을 소재로 하고 있다.

　「更漏子」(玉爐香, 紅蠟淚)는 온정균의 사 중에 가장 오묘한 작품이다. '一葉葉. 一聲聲. 空階滴到明.'은 지금도 사람들에게 널리 애송되는 구절이다.

　『栩莊漫錄』에 "온정균의 이 작품이 그의 사집 중 최고다.(飛卿此詞自是集中之冠)"라고 했다. 또 "온위가 병칭되는 것은 이 작품 때문이다

(溫韋並稱, 賴有此耳)"라고 했다.

　호응린(胡應麟)은 '一葉葉' 구절에 대하여 "기려(奇麗)하다'고 했다. 4)

　陳廷焯은 '후(厚)'함을 중시한다. 그러므로 온정균의 사는 보일 듯 안보일 듯한 것과 숨길 듯 숨기지 않을 듯한 사이에 그 핵심이 있다. '오동우(梧桐雨)' 마지막 구절은 지나치게 드러나 있어 함축적이지 않다고 본 것이다.

　'장군은 기교로 사람을 복종시키고 말을 돌려 활 쏘려하고 쏘지 않음을 애석해한다.(將軍欲以巧伏人, 盤馬盤弓惜不發.)' 이것은 한유(韓愈)의 「치대전(雉帶箭)」이란 시이다. 장군이 사람들보다 뛰어난 점은 활을 쏘지 않아 사람들로 하여금 언제든지 활을 쏠 수 있다고 생각하게 만든 것이다. 온정균 사는 원래 감정이 많지 않다. 그러므로 진정작(陳廷焯)의 말은 타당하다. 『莊子』에서는 "無達詁"라고 했고 『孟子, 萬章上』에서는 "說詩者不以文害辭, 不以辭害志. 以意逆志, 是爲得之."라고 했다.

　사람들은 모두 작가의 의도를 '以意逆志' 하여 해설이 분분하고 종국에는 해설과 작가의 원래 의미가 차이가 난다. 있는 그대로 작품을 감상하는 것도 쉬운 일은 아니다.

---

4) 『白雨齋詞話』 "飛卿更漏子三章, 自是絶唱, 而後人獨賞其末章梧桐樹數語. 胡元任云: 庭筠工於造語, 極爲奇麗, 此詞尤佳. 卽指〔梧桐樹〕數語也. 不知梧桐樹數語, 用筆較快, 而意味無上二章之厚. 胡氏不知詞, 故以奇麗目飛卿, 且以此章爲飛卿之冠, 淺視飛卿者也. 後人從而和之, 何耶."

# 3  당 오대의 사단(詞壇)과 위장(韋莊)

韋莊은 溫庭筠 보다 20여세가 어리다.(夏承燾가 지은 연보에 의함) 韋莊은 약 50살이 되었을 때 강남으로 왔다. 50세의 나이라면 아마도 자신을 젊다고는 말하지 못할 것이다. 만약 30세 정도라면 젊다고 할 수 있다. 온정균과 위장의 家世는 서로 비슷하다. 온정균은 太宗 때 재상 溫彦博의 후예이고 위장은 玄宗 때 재상 韋見素의 증손자이다. 당나라가 망하자 나중에 위장은 蜀의 재상이 되었다. 온정균은 만년에 하위관직을 지냈지만 위장은 망국의 재상이 되었다. 그러므로 그의 사는 항상 '家國滄桑'의 감정을 나타내고 있다. 위장은 심적으로 사회에 대하여 여전히 불만이 있었지만 그의 여러 작품은 공교(工巧)롭고 가치가 있다. 위장의 사는 대부분 개인의 경력과 사적을 묘사한 것이 많다.

溫韋는 중국 사단초기의 二大詞家이고 동시에 百代詞家의 조상이다.

위장의 시는 『전당시(全唐詩)』에 수록되어 있다. 그의 작품들은 온정균의 시와 비교하면 다소 손색이 있다. 방옹(放翁 : 周邦彦)은 "시가 만당 오대에 이르러 기백이 비루해졌다. 장단구가 정교하고 극히 아름다웠으나 후세에 미치지 못했다(詩至晚唐五代, 氣格卑陋. 惟長短句精巧高麗後世莫及.)"라고 했다.

송 장염(張炎)은 『사원(詞源)』에서 다음과 같이 말했다.

"사 중에서 소령이 가장 짓기 어렵다. 몇 마디 짧은 말로 무한한 의미를 표현해야하는 것은 쉬운 일이 아니다. 소령을 짓는 것은 온위(溫韋)를 모델로 한다.(詞中以小令最難作, 箋箋數語, 欲有餘不盡之意, 實非易事, 作小令應以溫韋爲則.)"

그러므로 후대에는 이 두 사람의 작품을 사의 표준으로 보게 된 것이다.

발전적 입장에서 보면 온정균은 사를 창조하였고 위장은 이를 계승했다. 온정균의 작품은 남녀의 사랑과 여행자의 감정 혹은 자신의 감정을 묘사하거나 타인의 감정표현을 빌어 제삼자의 감정을 묘사했다. 이러한 것은 모두 일반적인 감정이다. 그러나 위장은 자신의 개성을 충분히 표현했다. 그러므로 자신의 처지와 경력을 많이 묘사했다. 온정균의 사는 隱性에 속한다. 그러나 이것이 양자의 지위에 영향을 주지는 않았다. 자신을 묘사하건 타인을 묘사하건 간에 아름답기만 하다면 모두 가작이다.

周濟는 『介存齋論詞雜著』에서 "사는 고하(高下)와 경중(輕重)의 구별이 있다. 온정균은 언어로 종이를 압도하는 것 같고 위장은 소리가 구름을 뚫는 것 같아 양자가 모두 이 방면에 최고다.(詞有高下之別, 有輕重之別. 飛卿下語鎭紙, 端已揭響入雲, 可謂極兩者之能事.)" 라고 했다. 이는 溫韋 사의 특징은 溫飛卿의 사는 '중후(重)'하고 韋端己의 사는 '고아(高)'하다는 의미이다.

『白雨齋詞話』에서는 두 사람에 대하여 다음과 같이 말했다.

"위장의 「菩薩蠻」네 수는 모두 고국을 그리워하는 생각을 묘사했다. 뜻이 완곡하지만 언어가 직설적이어서 온정균의 모습과는 완전히 다르다. 나는 이후주가 온정균을 보면 합치하면서 차이가 있고 위장이 온정균을 보면 차이가 나는 가운데 일치하는 점이 있다고 평가한다. (韋端己「菩薩蠻」四章, 卷卷故國之思. 而意婉詞直盡變飛卿面目, 余嘗謂後主之視飛卿合而離者也. 韋端己之視飛卿離而合者也.)"

이것은 온·위 두 사람이 비록 작품의 겉모습은 다소 차이가 나지만 내면의 정신은 일치한다는 점을 말하고 있다.

또 "사가 겉모습은 깊이가 없지만 그 의미는 깊이가 있다. 위장 「菩薩蠻」과 풍연사의 「蝶戀花」가 그렇다.(詞有貌不沈而意沈, 韋莊「菩薩蠻」馮延巳蝶戀花是也"),

"(위장의 「菩薩蠻」은) 소박한 곳이 있지만 그 속에 아름다운 깊이가 있다. 비천하고 속된 것 같지만 그 장점을 가리지는 못한다.(韋之「菩薩蠻」)間有樸質處, 伊鬱卽寓於其中, 而粗鄙淺率弗能抹其優."

이렇듯 위장과 온정균은 정묘한 면에서 각기 차이가 있다. 같은 점은 모두 의미가 깊다는 것이다.

그는 또 "위장의 사는 직설적인 것 같지만 은유적이며 사가 의미에 통달하고 깊이가 있고 매우 우수한 경지이다.(韋端己詞似直而紆, 詞達而鬱, 最是勝境.)"고 했다. 표면상으로는 온정균과 완전히 다르지만 정신적으로는 일치한다.

온정균은 객관적인 입장에서 자신의 감정을 최대한 제거하고 이지적인 입장에서 사를 짓는다. 진한 색채의 문자로 외부의 경치와 타인의 감정을 묘사하며 이러한 문자들은 풍부한 음악성을 갖고 미감을 더욱 심화시킨다. 묘사한 사물의 형상을 선택한 후에 한 곳에 방치하여 독자들로 하여금 스스로 연상하고 도취하여 자신의 감정으로 느끼게 한다. 이것은 작가만의 감정세계는 아니다.

위장의 사는 강렬한 감정과 선명한 개성이 있다. 온정균과는 다른 종류로 자아를 억압한다. 그의 작품 대부분은 자신의 감정을 표현하고 농후한 주관적 색채를 첨가한다. 『人間詞話』에서 "나의 입장에서 사물을 본다. 그러므로 모든 사물에 나의 색채가 있다.(以我觀物, 故物皆着我之色彩)"라고 했다. 위장은 이와 같다. 위장의 기교는 온정균만큼 고묘(高妙)하지 못하지만 담담한 색채로 가슴의 생각을 직접 묘사한다. 자신의 순수한 감정을 표현하는 것이다. 이러한 것은 솔직하지만 조잡하고 비루한 것을 면하기가 어렵다. 그러나 그의 감정이 순수하기 때문에 사람을 감동시킨다. 예를 들면 ; '叫一聲, 哭一聲, 兒的聲音娘慣聽, 如何娘不應.'(「長相思」) : 이러한 문자는 비천하지만 감정이 깊어 오히려 직접 폐부에 와 닿는다.

위장(韋端己)의 작품은 직접적인 것 같으면서도 우회적이며 표면상으로는 창달하지만 내면의 감정은 오히려 울적한 것이 많다. 이런 면에서 독자와 작가의 뜨거운 감정이 서로 상응한다. 온정균(溫飛卿)의 작품은 독자가 자신의 감정을 먼저 주입하여 연결한 후에 다시 감응을 한다. 그 필법이 정미하고 화려하다. 마치 짙은 화장을 한 미인과 같고 이것을 '純美派'라고 부를 수 있다. 위장(韋端己)은 질박하고 청순하여 연하게 화장을 한 미인과 같다. 감정의 묘사가 뛰어난 '純情派'라고 부를 수 있다.

온정균의 사는 다소 애매하여 의미가 잘 통하지 않는다. 그러므로 그의 사를 잘못 배우면 더욱 애매모호하게 된다. 위장의 사를 배우게 되면 그 장점도 배우지만 다소 거칠고 조잡하게 되는 것과 같다. 飛卿은 文才가 韋端己 보다 높지만 위장의 감정은 온정균보다 깊다. 각기 추구하는 바가 있다. 그러므로 천년 뒤에도 양자는 병칭되는 것이다. 만약 위장이 온정균을 배우게 되면 그와 유사하게 될 수는 있어도 오늘날의 성취는 이루지 못했을 것이다.

「菩薩蠻」은 위장의 말년 작품이고 그의 작품 중에서 뛰어난 작품이라고 할 수 있다. 「菩薩蠻」5수는 전후가 연관되어 하나를 이루고 있다. 과거 많은 사선(詞選)에서는 항상 제4수를 비루하고 천박하다고

여겨 생략했다. 그러나 그 감정이 심후하고 뜨거우며 곡절이 있어 생략
하여서는 안 된다고 본다.

　위장(韋莊)은 長安 杜陵 사람이다. 황소의 난에 장안에 와서 여동생
과 헤어져 낙양에서 2년을 보내고 다시 집안 사람들과 함께 강남으로
피난을 갔다. 10년간 행적이 강(江) 절(浙) 호북(湖北) 사천(四川)에까
지 두루 미쳤다. 당 소종(昭宗) 때 전쟁이 다소 평정되고 장안에 와서
진사에 급제하여 황명을 받고 촉(蜀)으로 갔다 다시 귀국하여 간관(諫
官)이 된다. 이 때 四川 절도사 왕건(王建)이 상서를 올려 위장은 그의
서기가 되고 당이 망하자 왕건은 독립하여 전촉을 세운다. 위장은 왕건
에게 황제라고 칭하도록 간청하고 본인도 재상이 된다.

　위장은 관직이 이렇게 높아졌지만 가정과 국가에 대한 사랑은 어떻게
해결할 방법이 없었다. 이「菩薩蠻」5수는 남녀의 사랑으로 가정과
국가에 대한 생각을 묘사한 것이다. 좀 더 깊이 살펴보면 국가의 흥망성
쇠, 난리의 전개 과정 중에 소위 상전벽해와 같은 자신의 경험을 보면서
마음이 매우 비통한 것이다. 위장은 이러한 감정을 사로써 발휘했다.
그러므로「菩薩蠻」사는 바로 當代의 哀音이다.

　위장의 생애는 유신(庾信)과 비슷하다. 杜甫의「詠懷古跡」여섯
수 중에 제 5수는 庾信을 노래했다. 그 내용은 위장을 생각나게 한다(유
신은 평생 동안 외로웠으나 노년에 시를 지어 세상을 감동시켰다. :
庾信平生最蕭瑟, 暮年詞賦動江關). 위장이 말년에 지은 사는 천년이
넘게 전래되고 있다.

　위장은「思歸」시에 "외지에서 꽃을 보니 결국 적막하고 타향에서
음악을 들으니 더욱 처량하네(外地見花終寂寞, 異鄉聞樂更淒涼)"라
고 했고 또「在重九於安徽詩」에서 "오늘 술　한잔은 만리에 있는

고향의 마음이네(一杯今日酒, 萬里故鄕心)” 또 “다시는 슬픈 노래를
짓지 마라 왕찬과 같은 시인도 머리칼이 희어졌네(不須更作悲愁賦,
王粲辭家鬢已凋)”라고 했다.

위장의 「春日」 시는 다음과 같다.

> 忽覺東風景漸遲, 野梅山杏暗芳菲. 落星樓上吹殘角, 偃月營中掛夕暉.
> 旅夢亂隨蝴蝶散, 離魂漸逐杜鵑飛. 紅塵遮斷長安陌, 芳草王孫暮不歸.

> 갑자기 봄바람이 부는 것을 느끼니 경치도 점차 느려지네
> 들의 매화와 산의 살구가 은근히 향기롭구나
> 별이 떨어지는 누각에서 깨진 피리를 불고
> 이지러진 달 같은 진영에 걸린 저녁달 빛을 발하네
> 꿈속에서 어지럽게 쫓아다니고 나비는 흩어지네.
> 이별의 혼은 점차 님을 쫓고 두견새는 날아가네.
> 붉은 먼지가 장안의 논둑 길 가리고
> 아름다운 왕손은 저녁이 되어도 돌아오지 않네

사에서 감정을 표현하는 방법은 시에서 감정을 노출시키는 것과는
다르다. 그러므로 위장의 사를 잘 이해하기 위해서는 그의 시를 참고하
는 것도 하나의 방법이다.

「菩薩蠻」 (제 1수)
紅樓別夜堪惆悵. 香燈半捲流蘇帳. 殘月出門時. 美人和淚辭.
琵琶金翠羽. 絃上黃鶯語. 勸我早歸家. 綠窓人似花.

홍루의 이별하는 밤 너무 서글퍼, 향긋한 등불이 술 달린 휘장을 반쯤 가리네. 잔월이 떠오를 때 미인이 눈물을 흘리며 이별을 하네.

금색 비취 새를 장식한 비파를 연주하며 미녀는 꾀꼬리 같은 노래를 부른다. 나에게 일찍 돌아오라고 은근히 권하는 듯, 녹창에 기댄 사람 꽃처럼 아름답네.


「菩薩蠻」 (제 2수)
人人盡說江南好. 遊人只合江南老. 春水碧於天. 畫船聽雨眠.
　　鑪邊人似月. 皓腕凝霜雪. 未老莫還鄉. 還鄉須斷腸.


강남에 와 본 사람은 모두 강남의 경치가 좋다고 말한다. 집을 떠난 길손도 강남에서 한 평생을 보내려하네. 봄철의 강물은 하늘보다 푸르고 아름다운 배에 누워 비 오는 소리 들으며 잠드네.

화로가의 술파는 사람 마치 명월과 같고 흰 팔은 서리와 눈을 뭉친 것 같네. 늙기 전에 고향으로 돌아가지 말라, 고향으로 돌아가면 반드시 애간장 타리.


「菩薩蠻」 (제 3수)
如今却憶江南樂. 當時年少春衫薄. 騎馬倚斜橋. 滿樓紅袖招.
　　翠屏金屈曲. 醉入花叢宿. 此度見花枝. 白頭誓不歸.


지금 강남의 즐거웠던 일 생각하니 당시는 젊었고 봄 적삼도 얇았네. 말 타고 비스듬한 다리에 기대면, 누각 가득히 붉은 소매의 여인들이 손짓을 했었지.

비취 새 수놓은 병풍의 황금 경첩, 취하여 꽃더미 속에서 잠드네.

이번에 꽃가지를 보면서 흰머리 되어도 돌아가지 않겠다고 맹세를 하네.

「菩薩蠻」 (제 4수)
勸君今夜須沈醉. 罇前莫話明朝事. 珍重主人心. 酒深情亦深.
　　須愁春漏短. 莫訴金盃滿. 遇酒且呵呵. 人生能幾何.

　그대는 오늘밤 반드시 대취하시게 술잔 앞에서 너일 일을 말하지 말라. 진중한 주인의 마음 술이 취하니 정도 깊어지네.
　봄날의 시간이 짧음을 걱정하고 금잔에 술이 가득하다고 말하지 말라. 술을 대하고 하하 웃으며 인생은 얼마나 되나?

「菩薩蠻」 (제 5수)
洛陽城裏春光好. 洛陽才子他鄕老. 柳暗魏王堤. 此時心轉迷.
　　桃花春水淥. 水上鴛鴦浴. 凝恨對殘暉. 憶君君不知.

　낙양성의 봄 경치 좋고 낙양의 인재는 타향에서 늙는다.
　위왕제의 버들은 녹음이 우거졌네, 이때 내 마음이 혼란해진다.
　복숭화 꽃과 봄날의 강물이 맑아지고 물가에 원앙이 목욕을 하네.
　응어리진 한으로 석양을 대하고 그대를 기억하나 그대는 알지 못하네.

　작가는 먼저 이별의 장소와 시간을 묘사했다. 홍루는 낙양에 있다. 제 5수 역시 낙양으로 결말을 짓는다. 이별의 마음은 근심과 걱정으로 충만하여 심각하게 낙인이 찍혔다. 지금은 이미 노년으로 과거 이별을 회상하면서 근심과 걱정에 싸였다. 李白의 「遠別離」를 본다.

帝子泣兮綠雲間, 隨風波兮去無還.
慟哭兮遠望, 見蒼梧之深山.
蒼梧山崩湘水絶, 竹上之淚乃可滅.

왕손이 녹운사이에서 울고 풍파를 따라 떠나서 돌아오지도 않네.
통곡하며 멀리 바라보니 蒼梧한 심산이 보이네.
蒼梧山이 붕궤되고 상수가 막혀 대나무위의 피눈물 흔적도 사라져
버리네.

어떤 감정이든 진실하고 깊으면 이런 감정은 자신의 생명과 영원이
함께 한다. 이는 이상은의 「무제」시 ‘相見時難別亦難’에서 “봄누에는
죽을 때까지 실을 뽑고, 나방은 재가 되어 눈물이 겨우 마르네(春蠶到死
絲方盡, 蠟炬成灰淚始乾)”의 느낌과 같다. 작가는 봄누에의 끝없는
사랑과 나방의 고통을 비유한 것이다.
　제 1수의 ‘紅樓’ 두자는 읽으면 온화한 느낌을 주지만 ‘別夜’는 읽으면
처량한 느낌이 든다.
　‘堪’ 字는 과거 현재 미래를 대표하고 근심 걱정의 마음을 시공을
초월하여 길게 드리운다.
　위의 두 구절은 여전히 밤의 모습을 묘사한 것이다. 그러므로 등불이
여전히 꺼지지 않았다.
　‘香燈’으로 맑은 새벽 실내의 풍경을 묘사한다. 香燈 두자와 紅樓는
서로 잘 어울린다. 이 구절은 하루저녁의 이별의 감정으로 잠 못 이루는

심각한 심정을 묘사한다.

'月殘', '星殘'은 행인들이 모두 끊어지고 미인이 눈들로 인사를 한다. 사실 이것은 작가가 미인을 이별하기 싫은 것이다. 그러나 오히려 미인 이 자신을 떠나지 못하는 것처럼 묘사했다. 그 마음은 나와 같은 것이다. 이러한 근심과 걱정은 본래 내가 하는 것이지만 오히려 미인이 근심하는 것 같이 묘사한다. 먼저 자신을 묘사하고 다시 상대방을 묘사하여 더욱 깊이 있는 감정의 변화를 그린 것이다.

'辭'자는 미인이 말하고자 하는 것이다. 그러나 말로 전부 표현할 수 없는 것은 비파소리에 실어 말한다. 晏幾道의「生査子」중 "눈물을 참아 노래를 부를 수 없어 슬픈 현에 의탁하여 말한다(忍淚不能歌, 試託哀絃語)"의 경지이다.

'金翠羽'는 비파의 장식품이다. '紅樓', '香燈'과 잘 어울린다.

'黃鶯'의 소리는 미인의 소리와 비파의 현음을 대표한다. 금을 연주하기 이전은 미인의 소리이고 금을 연주하면 비파의 소리이다. 사람과 비파가 하나가 되었다.

'무'자는 깊은 의미가 있다. 만약 늦게 귀가하면 녹창 아래의 사람은 이미 꽃처럼 아름답지 않기 때문이다. 작가는 마지막 두 구절에 많은 심혈을 기울였다. 무수한 말을 생략하고 감정어린 경치로 결말을 지었다. 번화한 중에 사람으로 하여금 처량한 감이 있게 한다. 평범 속의 비범한 것이다. 杜秋娘5)의「金縷衣」시를 감상하는 태도로 이 작품을

---

5) 杜秋娘은 생졸년 미상, 杜秋라고도 한다. 金陵(강소성 남경)여인이다. 「金縷衣」를 잘 불렀다. 처음에 鎭海節度使 李之의 첩이었으나 당나라를 배반하여 피살당했다. 헌종의 총애를 입었고 목종(穆宗)이 즉위하자 황태자 漳王의 보모가 되었다. 태자가 폐위되어 그녀는 금릉으로 돌아왔다. 두목(杜牧)이 금릉을 지나다 그녀의 곤궁함을 보고「杜秋娘

감상할 수 있다.

> 勸君莫惜金縷衣, 勸君惜取少年時.
> 花開堪折直須折, 莫待無花空折枝.

王國維는 "가장 슬픈 것은 인간세상에서 (아름다운 것을)머무르게
할 수 없는 것이다. 아름다운 얼굴이 거울을 보는 것을 사양하고 꽃이
나뭇가지를 사양한다.(最是人間留不住, 朱顔辭鏡花辭樹)"라고 했
다. 위의 작품은 위장의 「浣溪沙」와 「荷葉杯」를 참고하면 더 좋다.
　長安은 黃巢에게 점령을 당했다. 위장은 후에 낙양으로 돌아가 다시
浙江에서 10년을 거주한다. 제이, 제삼 수는 처음 강남에 가서 보고
느낀 것과 과거 자신의 분망한 생활을 묘사한다. 「登樓賦」에서 "王以
窮達而易心, 雖信美而非吾土兮"라고 했다. 양자는 하나의 감정이다.
그러므로 위장은 강남에 살면서 즐겁지 않고 오히려 고향을 그리워하는
근심이 있었다. 사람들은 모두 강남이 좋다고 말하지만 위장은 그렇지
않은 것이다. 그러므로 타인의 공인된 생각을 빌어 강남이 객이 놀기에
는 좋은 곳이지만 자신은 유독 그렇지 못한 것을 강조한다.
　세 번째에서 다섯 번째 작품은 강남 지방의 사람과 경치가 아름다운
것을 묘사한다. 東坡는 "말할 필요도 없이 모두 세외의 은둔한 군자들
같고, 일군이나 기녀 장사꾼이 모두 빙기옥골의 미녀이다(遑論世外隱
君子, 傭奴販賣皆氷玉)"(「贊林和靖」: 林逋)라고 했다.
　위장은 처음에는 자신의 의사를 나타내지 않고 단지 타인의 의견을

---

詩」를 지었다.

묘사한다. 경치와 사람이 모두 사람의 마음을 감동시킬 만큼 아름답지만 위장은 보지 못하고 듣지 못한 것 같다.

그러므로 사람들이 그에게 권면하기를 '未老莫還鄕…'이라고 하는 것이다. 고향은 이미 전쟁에 폐허가 되었다. 이 말은 반대로 만약 고향이 파괴되지 않았다면 더 늙기 이전에 고향으로 돌아가려 한다는 의미다. 그러나 지금은 이미 고향이 폐허가 되었으므로 애간장간 타고 늙어서나 고향에 가볼 것이다. 권면하는 사람은 계속 설득하지만 위장의 고향을 향하는 마음은 견고하다.

『白雨齋詞話』에서는 이것을 "곧은 것 같지만 굽었다(似直而紆)"라고 했다. 이는 매우 적절한 비평이다. 또 "뜻이 완곡하지만 언어는 솔직하다(意婉詞直)"라고 했다. 정확한 평가이다.

첫 두 작품에서는 과거 일편단심 귀향하려는 마음 때문에 즐거움이 없지만 지금은 추억을 하면서 즐거워하는 것이 보인다. 이것은 당시에 자신이 귀향하려는 심정에 포로가 되었던 것이고 지금은 이미 四川에 있기 때문이다. 蜀은 강남에 비하여 즐길만한 곳이다. 기쁨과 슬픔이 완전히 자신의 감정에서 출발한다. 강남을 생각하면 혹 고향을 다소 잊을 수 있다. 賈島는 「渡桑乾」 시에서 "병주의 객사에서 이미 10년, 밤낮으로 함양을 생각하며 돌아가고파. 아무 생각 없이 다시 桑乾을 건너며 내 고향 병주 땅을 바라보네.(客舍幷州已十霜, 歸心日夜憶咸陽. 無端更度桑乾水, 却望幷州是故鄕.)"라고 했다. 가도와 위장의 심정이 서로 일치한다. 전쟁에 나라가 망하고 고향은 폐허가 되어 집은 불타고 돌아갈 곳도 없다. 강남에서 10년을 살아 제2의 그향이라고 한다. 그러므로 강남을 생각하면 다소 향수에 젖어 위로가 된다.

세 번째 작품은 젊었을 때 강남에서 말을 타고 돌아다니던 모습으로 비스듬한 다리(斜橋)에 기대어 비범한 모습을 드러내고 있다. 소년시절의 득의한 표현이다.(그러나 두 작품에서는 당시에도 여전히 고향으로 돌아 가려하거나 혹은 홍루의 이별의 심정과 바닷물이 강물로 바뀔 수 없는 깊은 감정을 묘사하고 있다.)

'翠風' 구절은 '小山重疊金明滅' 구로 해석할 수 있다. 최후의 말은 긍정적적이다. 만약 시간이 거꾸로 흘러 갈수 있다면 사람들이 권유할 필요도 없다. 지금의 상황으로 보아 자신은 강남에서 늙을 것이 당연하다. 그러므로 자신은 확실히 고향에 돌아갈 수는 없을 것이다. 그래서 확고한 말을 한 것이다.

譚獻(1832-1901)은 이런 것을 '意不盡而言盡'이라고 했다. 의미가 행간사이에 있다.

俞平伯은 『讀詞偶得』에서 "愈堅決愈纏綿, 愈忍心愈溫厚也"라고 했다.

陳廷焯은 "言絕決, 正是凄楚, 情由此中表出"이라고 했다.

'却憶', '此度' 네 글자는 전후에서 서로 상응하며 흔적을 남기지 않는다. 강남의 즐거움이 '却憶'에서 바야흐로 다시 나타나고 이 '却憶'은 이번에 건넌 기억이 있다. 이 네 자는 독자로 하여금 본 작품의 진정한 의미의 소재를 알게 하여주며 무한한 의미를 표현한다.

淸代 詞壇은 사를 평가하면서 '重' '大' '拙' 세 가지로 나누었다. 위장의 「菩薩蠻」 제 4수는 拙에 속한다. 이 작품은 커다란 지혜가 어리석은 것 같고 우둔하며 교묘함이 부족한 것 같다. 그러나 깊이가 없다고 무시할 바는 아니다. 다섯 작품을 전체적으로 놓고 보면 이 작품의 장점이 잘 보이기 때문이다. 『吳越春秋』에서 동병상련에 대해 다음과 같이 말했다.

"백비가 오나라로 도망쳐 오자 오자서는 그를 대부로 삼으려했다. 오나라 대부가 연회를 베풀고 자서에게 말했다. '왜 당신은 희백을 믿습니까?' 오자서가 대답했다. '나의 원수와 희백의 원수가 같습니다. 당신은 강가에서 노래하는 것을 보지 못했나요? 같은 병이 있으면 서로 불쌍히 여기고 같은 근심이 있으면 서로 돕습니다.'"(伯嚭來奔, 吳子胥請以爲大夫. 吳大夫被承宴謂子胥曰 "何見而信伯嚭乎?" 子胥對曰 "吾之怨與伯嚭同, 子不見河上之歌者乎? 同病相憐, 同憂相救.)

첫 두 작품은 사람들이 권유하는 것이고 세 번째는 스스로 변화를 한 것이며 네 번째는 더욱 강조하며 권유한다. 『聊齊志異』에서 八大王이 말하기를 "날은 저물고 갈 길은 아득하니 돌아갈 수도 없다(日暮窮途, 倒行逆施)"라고 했다. 바로 위장이 말년에 감정이 변한 이유이다. 혹은 동병상련의 이유이다.

앞의 두 구절의 의미는 曹操의 「短歌行」[6]이나 혹은 「古詩19首」

---

6) 對酒當歌. 人生幾何? 譬如朝露, 去日苦多. 慨當以慷, 憂思難忘. 何以解憂? 唯有杜康. 靑靑子衿, 悠悠我心. 但爲君故, 沈吟至今. 呦呦鹿鳴, 食野之苹. 我有嘉賓, 鼓瑟吹笙. 明明如月, 何時可掇. 憂從中來, 不可斷絕. 越陌度阡, 枉用相存. 契闊談讌, 心念舊恩. 月明星稀, 烏鵲南飛. 繞樹三匝, 何枝可依. 山不厭高, 海不厭深. 周公吐哺, 天下歸心.
술 마시며 노래 부르네. 인생을 살면 얼마나 사나? 아침이슬 같으니, 지난날 고통이 많았구나. 슬프게 탄식해도, 근심을 잊을 길 없네. 어떻게 근심을 풀까? 오직 술뿐일세. 젊은 학생들, 내 마음 알 길 없네. 다만 그대들로 인하여, 이제껏 깊은 시름에 잠겼었네. 우우하고 우는 사슴의 무리, 들에서 새 쑥을 뜯는다. 내게도 좋은 손님 오셨으니, 비파 타고 피리도 불리. 밝기는 달과 같은데, 어느 때나 그것을 딸 수 있으랴. 마음속에서 우러나는 근심, 참으로 끊어 버릴 수 없구나. 논둑과 밭둑을 누비면서, 헛되게 서로 생각하는가.
마음이 통하여 즐겨 이야기를 나누고, 마음속으로 옛 은혜를 생각하네. 달 밝고 별을 드문데, 까치가 남쪽으로 날아간다. 나무를 서너 차례 빙

중 '何不秉燭遊'의 의미이다. 이것은 고인들이 늘 말하는 "만사가 술한 잔만 못하네, 일생에 달이 내 머리를 비치는 것을 몇 번이나 볼까?(萬事不如盃在手, 一生幾見月當頭)"의 의미이다.

명나라 시인 장령(張靈)의 시 「對酒」를 본다.

隱隱江城玉漏催, 勸君須盡掌中杯.
高樓明月笙歌夜, 知是人生第幾回.

은은하게 보이는 江城 옥루가 (출발)시간을 재촉하네.
그대는 손에든 술잔을 꼭 다 비우기를!
높은 누각에 명월이 비추고 생황 노래를 부르는 밤
인생에 몇 번이나 돌아올지 아는가?

위장은 이 시기에 이르러 고국이 이미 멸망하였고 고향에도 돌아갈 수 없고 남아있는 여생도 많지 않아 마음이 복잡했지만 타인에게 이러한 자신의 심정을 말할 수도 없었다. 그러므로 사에 이러한 감정을 발산한 것이다. 그야말로 취생몽사로 일생을 마친 것이다. 그러나 진심은 달랐을 것이다. 어쩔 수 없어서 취생몽사하였을 뿐이다.

우리가 보기에 가장 얕은 곳이 가장 깊은 곳일 수 있으며 사람을 감동시킬 수 있다. 특히 지기(知己)를 얻는 것은 쉬운 것이 아니다. 오늘 나를 대하는 것이 이렇듯 좋으니 나도 한번 취해보는 것이다.

---

빙 맴돌며, 어느 가지에 의지할 수 있을꼬? 산 높음을 싫어하지 않고, 바다 깊음을 싫어하지 않네. 주공처럼 어진 선비를 환영한다면, 천하는 모두 진심으로 돌아가리.

晏幾道는「阮郞歸」에서 이런 마음을 "깊이 취해 슬픔을 잊으려했는데 맑은 노래가 애간장을 끊는다.(欲將沈醉換悲涼, 淸歌莫斷腸)"고 했고, 위장은 "술이 깊어지니 정 도 깊어지네(酒深情亦深)"라고 했다. 이러한 탄식을 말하는 것이리라.

두 번째 작품의 '未老莫還鄉, 還鄉須斷腸'과 '須愁春漏短, 莫訴金盃滿'은 모두 '須', '莫' 두 글자를 긍정적으로 사용했다. 후자는 사람을 권유하는 어기가 전자에 비하여 더욱 강렬하다.

'淸溪二千仞, 中有二道士' 구절은 오자서(吳子胥)의 고사에서 나오는 "황금 2000량으로 표모에게 갚고 채찍 600대를 죽은 평왕에게 가하다(金以二千酬漂母, 鞭須六百撻平王)"라는 문장에서 숫자를 한배씩 증가하였으나 감정이 오자서만 못하다. 그러므로 '莫', '訴' 두자의 사용은 글자의 강렬함이 아니라 감정의 진위에 강약에 있는 것이다.

제 4수 '呵呵'의 웃음은 마음을 열고 웃는 것도 비웃는 것도 아니다. 눈물을 포함한 웃음, 절망의 웃음이다. 마지막 두 구절로 결론지어 매우 광달(曠達)하고 독자에게 황당한 감을 준다. 이는 晉나라 劉伶이 종에게 '죽으면 나를 묻어라(死便埋我)'[7]라고 한 것과 같다.

「摘得新」   황보송(黃甫松)
酌一巵, 須敎玉笛吹. 錦筵紅臘燭, 莫來遲. 繁紅一夜經風雨, 是空枝.

술 한 잔을 따르고 옥적을 부는 것을 가르친다.

---

7) 유령은 술을 너무 좋아하여 술을 마시러 갈 때마다 동자를 한 명 데리고 다녔다. 그는 동자에게 부삽을 하나 가지고 다니다가 자신이 술을 먹다 죽으면 그냥 그곳에 묻어달라고 부탁했다.

아름다운 술자리 붉은 촛불 켜네, 그대는 늦게 오지 말라.
울긋불긋한 많은 꽃들이 지난밤 가벼운 비바람에 떨어져
빈 가지가 되었네.


인생의 화려하고 좋은 시절도 눈 깜작할 사이에 지나가고 청춘도
한번 가면 영원히 돌아오지 않는다. 위의 황보송의 작품은 위장의 깊은
감정만 못한 것 같다.

첫 번과 두 번째 작품은 고향을 생각하는 마음이 절실하여 늙기를
기다릴 수가 없어 한다. 세 번째 작품은 비록 돌아가지 않겠다고 맹세하
지만 그러나 여전히 돌아가고자 한다. 네 번째 작품은 세월이 지나가면
서 자신이 편안해져가는 것을 노래하고 다섯 번째 작품은 고향을 생각하
는 마음이 여전한 것을 표현한다. 소위 침울(沈鬱)과 얽히고설킨 복잡함
이 바로 다섯 번째 작품의 감정이다. 이러한 감정은 전부 치미(癡迷)한
곳에서 우러나온다.

위장은 洛陽에 2년간 살면서 마음에 드는 여인을 한 번 만난 것
같다. 낙양은 당나라에서 가장 늦게 망한 지역이다. 오늘날의 낙양 풍경
을 생각하면 봄날의 경치가 매우 아름다웠을 것이다. 그러나 그는 외지
에서 늙어 돌아갈 수조차 없었다.

'洛陽才子'라는 말은 이미 일반적으로 사용하는 명사가 되었다. 그러
나 낙양은 원래 위장의 고향이 아니다.

기억 속에 있는 낙양의 풍경은 영원히 불변한다. 한 순간이 영원한
것이 된 것이다. 이렇듯 낙양의 풍경이 인상 깊게 작가의 뇌리에 사무치
는 것이다. 그는 늙어 四川에 거하면서 상상 속에서 魏王堤(魏王은
太宗의 아들 李泰의 봉읍이다. 그러므로 이곳을 魏王堤라고 한다.)는

과거와 같이 아름답고 경치에 깊이 몰입하게 되는 것이다. 飛卿의「菩薩蠻」사에 '綠窓殘夢迷'라고 했다. 그런데 위장은 꿈도 꾸지 않으면서 미혹되었다. 그는 醉生夢死 후에 즉 깨달은 후에 다시 고국 낙양의 향수에 미혹된 것이다. 지금 그가 낙양에 거주하는 곳은 杜甫의 浣花溪 草堂이다. 도화와 강물 원앙 등이 있는 사실 풍경이다. 그러나 마음만 낙양에 있을 뿐 이러한 것이 더욱 마음을 괴롭힌다

위장은「憶昔」시에서 "오늘 어지러이 헤어지는 것은 모두 꿈, 석양에 오직 강물이 동으로 흘러가는 것만 보이네(今日亂離俱是夢, 夕陽惟見水東流)"라고 했다. 근심 걱정이 봄날의 강물처럼 도도하게 동쪽으로 계속 흘러간다.

'凝恨'은 恨이 이미 많이 쌓여 뭉쳐서 하나로 된 것이다. 周邦彦은「蘭陵王」사에서 "슬프네. 한이 쌓이네(悽惻, 恨堆積)"라고 하였다. 恨은 쌓이면 없앨 방법이 없다.

마지막 구절은 첫 번째 구 '밤에 홍루에서 이별(紅樓別夜)'한 여인과의 호응이다. 지금은 이미 석양 무렵이고 인생의 남은 시간도 별로 없어 슬픈 마음이 생긴다. 모든 근심 걱정이 '君不知' 세자로 마무리된다. 이 세 글자는 절망의 탄식 소리이다. 중국고대시가 문학에서 상심을 나타내는 언어로 굴원의 『離騷』에서도 역시 이런 방법을 사용했다. 그러므로 후인들이 위장의 작품을 "시경과 초사의 흔적이 있다(接迹風騷)"라고 평한 것이다. 위장이 낙양에서 지은 시를 한 수 보자.

　　　「中渡晚眺」　　위장
魏王堤畔草如煙, 有客傷時獨叩舷.
妖氣欲昏唐社稷, 夕陽空照漢山川.

千重碧樹籠春苑, 萬縷紅霞襯碧天.
家寄杜陵歸不得, 一回吟望一杳然.

魏王堤가의 풀은 연기와 같고
길손이 상심하여 홀로 뱃전을 두드리네.
요기가 어지럽혀 당나라 사직을 넘보고
석양은 허망하게 한나라 강산을 비추네.
수많은 푸른 나무가 春苑을 덮고
만 가닥 붉은 노을은 푸른 하늘에 닿았네.
杜陵에 있는 고향집은 돌아갈 수 없고
한번 시를 지으며 바라보니 아득하구나.


당나라가 아직 망하지는 않았지만 분위기는 이미 처량하다. 당시
석양이 아직 변하지 않아 오늘도 다시 보인다. 그러나 국가가 망하니
심경이 또 과거와는 다르다.

위장의 「菩薩蠻」 다섯 수는 문자가 질박하고 강직하여 의미가 깊다.
이외에 다른 작품은 청려하고 유창하지만 뜻이 깊지 않은 단점이 있다.
맑고 아름다운 작품은 원래 깊은 정이 없다. 그리고 드러난 감정은
쉽게 사라진다. 그러나 고국에 대한 생각은 끊임이 없으며 더욱 깊이
사람을 감동시킨다.

「歸國遙」라는 사와 「菩薩蠻」제 삼수를 비교하여 살펴볼 필요가
있다. 작가는 사물을 빌어 자신의 감정을 전달한다. 사물을 빌어 의미를
표현하는 것으로 한나라 고시 「飮馬長城窟行」에 "손님이 멀리서 와서
내게 잉어를 두 마리 주었네. 잉어에 편지가 있네.(客從遠方來, 遺我雙

鯉魚, 內有尺素書.)" 잉어는 소식을 전한다. 또 曹植의「雜詩」에 "외기러기 남쪽으로 날아가며 정원을 지나며 길고 애처롭게 운다. 멀리 떨어져 있는 사람을 간절히 그리며 소식을 전하려 하네(孤雁飛南遊, 過庭長哀吟. 翹思慕遠人, 願欲記遺音)"라고 하여 기러기도 소식을 전했다. 陸機의「黃土賦」에서는 흙도 소식을 전할 수 있다. 그러나 정말로 편지를 전할 수 있는 것은 비둘기이다. 애석하게도 고인들은 비둘기를 시에 소재로 사용하지 않았다.

「歸國遙」    위장

金翡翠, 爲我南飛傳我意. 罨畫橋邊春水, 幾年花下醉.    別後只知相憶, 淚珠難遠寄. 羅幕繡幃鴛被, 舊歡如夢裏.

금빛 비취 새 남쪽으로 날아가 내 마음 전해주기를, 엄화교 근처 봄 강물이 푸를 때 몇 년이나 꽃 아래서 취하려는가.
헤어진 후 내 신세 부끄러워, 눈물을 흘리며 소식도 전하기 어려워, 비단 휘장과 원앙금침 깔아놓고 즐겁게 지내던 일 꿈만 같구나.

금비취는 편지를 전할 방법이 없다. 비취 새는 혹 편지를 전할 수 있을지 모르지만 금비취는 무생물로 편지를 전할 수 없다. 그러므로 뜻을 전한다고 말한 것이다. 금비취는 여자의 머리 장식품이다. 아마도 여인이 위장에게 선물한 예물일 것이다. 이러한 것은 특별한 사람에게만 중요한 것이고 제삼자에게는 아무런 의미가 없다. 또 누군가 나에게 귀중한 예물을 선물하였지만 나는 보잘 것 없는 것을 선물한 경우도 있다. 아래 그 예를 든다.

『隨園詩話』 「秦淮雜詩」 竹枝詞 徐雨亭
何處春光景倍佳, 煙花十里舊秦淮. 豪家日費千金賞, 博得靑樓一鳳鞋.

어느 곳 봄빛 경치가 배나 아름다운가?
십 리 안개 아름다운 옛 진회하 같아라.
부자 집은 하루에 천금이나 쓰지만,
박덕한 청루의 나는 봉황신발 한 켤레 뿐.

두 번째 구절은 기원과 탄식의 의미가 있다. 금비취 세 글자는 무한한 감탄을 포함한다. 무생물에 대한 감정이 있는 것이다.

이별한 후 단지 서로 부끄러워만 한다. 이 '愧' 자는 무한한 애석함과 다양한 감정을 포함하며 특히 한없는 참회의 마음이 있다. '雙鬟雙髻嬌模樣, 翻悔從前零略疏' 역시 참회의 정을 묘사한다. 그러나 깊이가 없고 이 작품 보다 못하다. 지금 과거를 생각하니 자신도 모르게 눈물이 흐른다. '難遠寄'와 '君不知'는 서로 같은 묘한 감정이 통한다.

'엄화교(罨畫橋)' 구절은 산수도 다양한 색체를 띄고 있음을 표시한다. 이전에 다양한 색체를 띄던 봄날에 다리 주변으로 같이 놀러 다니던 생활의 정취를 묘사한다.

마지막 두 구절은 집에서의 생활을 묘사한다. 이전 즐거웠던 시절을 지금 추억해보면 꿈과 같다. 이전 일을 추억하면 하나의 꿈이다. 표면적으로는 상대방에게 말하고 있지만 사실 자신에게 말하고 있는 것이다.

'罨畫橋' 二句와 '別後' 二句는 전후가 바뀌었다. 이는 온정균 사와 비슷하게 복잡한 묘함이 있다.

이 작품의 압운은 상거(上去)를 통압한다. 그리고 제 3구와 제 7구만

이 짝수구이고 나머지는 모두 홀수구이다. 짝수 구절은 느린 감을 주고 홀수 구절은 분방하고 빠른 느낌을 준다. 운자는 모두 측운을 사용하고 홀수구가 많아 음절이 빠르고 분방하다. 이러한 감정을 표현하기에 적합하다고 본다.

　위장의 사는 대부분이 청려(淸麗)함을 장점으로 한다. 이런 작품들의 감정은 위의 작품처럼 깊이 있는 맛은 없다.

 **당 오대의 사단(詞壇)과 풍연사(馮延巳)**

　풍연사(馮延巳) 자는 정중(正中)이다. 그의 사집은 『양춘집(陽春集)』이라고 한다. 위장(韋莊) 보다 50년(夏承燾선생의 연대고증은 68년임)정도 후대의 인물이다. 온정균과 위장은 모두 재상의 후예로 귀족 출신이라고 말할 수 있다. 풍정중(馮正中)은 廣陵(揚州) 사람이며 남당(南唐) 중주 이경(李璟) 때 재상을 역임했다. 강남에서 출생하여 강남에서 사망했다. 학문의 연원이 깊고 문장이 뛰어났다. 그의 사는 감정이 깊고 침울하다. 그는 소년 시절 중주(中主)와 개우 친밀하였고 사도(師徒)간의 정이 있다.

　풍연사는 35세에 남당의 건국을 보았고 56세에 남당의 멸망을 목격했다. 당시에 북쪽 지방은 周略이 그의 나라를 강탈하였그 남당은 독립적인 국가에서 주의 속국으로 전락했다. 그는 주나라에 가서 군역을 치르기도 하면서 20년간의 흥망성쇠를 직접 목도했다. 풍연사는 약소국의 조정에서 비록 높은 위치에 있었지만 항상 정치적 위기를 느꼈다. 그러므로 그는 안팎으로 모두 뜻을 이루지 못하였으며 58살에 사망했다. 그는 천성이 정이 많고 침울한 비극형의 인물이고 자신을 비극적인 운명의 국가에 바쳤다. 그의 사는 이러한 환경에서 잉태된 결과라고 할 수 있다. 풍연사의 작품은 이런 시대를 살아나가면서 쓴 생명의 애가(哀歌)인 것이다.

『白雨齋詞話』는 "당송의 유명한 작가들은 비록 유파는 다르지만 그 근원은 하나이다. 당시 사람들은 모두 '飛卿一派' '韋端己一派' '正中一派'(唐宋名家, 流派不同, 本源則一. 飛卿一派, 韋端己一派, 正中是一派)"라고 했다. 이는 모두 당시의 작품들이 시경과 이소에서 나온 것으로 감정이 비슷함을 말한 것이다. 당시 그들 삼인이 서로 어깨를 나란히 한 것을 알 수 있다.

劉熙載의『藝槪』에서 말하기를 "풍정중의 사는 안수가 그 준수함을 얻었고 구양수가 심원함을 얻었다(馮正中詞, 晏元獻得其俊(秀) 歐陽永叔得其深(遠)"라고 했다. 그러므로 풍연사의 사는 준수하고 심원함이란 특색이 있다.

宋 劉攽『中山詩話』에서 "안수는 정중의 사를 좋아하여 사를 지으면 풍정중의 악부 색채를 줄이지 않았다(晏殊喜正中詞, 作詞亦不減延巳樂府)"라고 했다. 즉 안수의 사는 풍연사와 비교하여 다소 떨어짐을 알 수 있다. 그리고 당시 풍연사의 사단상의 위치와 영향에 대하여도 추측할 수 있다.

풍연사는 남당의 중주 이경보다 13살 많았고 후주 이욱보다 34살 많았다. 그들은 친교가 깊었다. 그러므로 중주나 후주는 풍연사의 영향을 피할 수 없었다. 풍연사는 당시 사단에서 위장 이후의 대가이다. 위장은 대부분 주관적인 감정을 묘사하면서 스스로 직접 겪은 일을 질박한 사조(辭調)로 표현하며 청담한 색채를 띠고 있다. 그러나 직유적인 것 같지만 은유적이고 깊이가 없는 것 같으나 깊이가 있다. 온정균은 타인의 감정을 말하고 스스로의 감정을 배제하여 작품에서 자신의 감정을 보이지 않는다.

풍연사와 위의 두 사람은 유사하면서도 차이가 있다. 풍연사의 사 작품에서 글자의 사용은 화려하고 아름다우며 농염하고 정밀하다. 이것은 온정균과 같다. 그는 사물을 빌어 감정을 표현하고 말을 의탁한다. 그리고 자신의 감정을 표현하려 하지 않는다. 그러나 타인의 감정을 말하는 것이지만 사실은 자신의 감정을 말하는 것이다. 이는 바로 각 사람들이 내심 속의 감정이며 개인에 속하는 것이 아니다. 그러므로 온정균과는 다르다. 온정균은 자신의 감정을 묘사하지 않았다. 위장과 같지 않은 점이다. 위장은 사용하는 단어가 질박했기 때문에 스스로의 감정을 직접적으로 묘사한 것이다.

宋나라 陳世修는 풍연사의 서문에서 "생각이 깊고 어휘가 아름다우며 운이 빼어나고 곡조가 새롭다.(思深語麗, 韻逸調新)"라고 했지만 이 여덟 글자로는 그의 작품의 묘함을 다 설명할 수는 없다.

풍연사의 사는 오대와 그 이후에 끼친 영향이 온정균이나 위장에 비하여 더욱 크다. 그의 작품 속에는 남과는 다른 깊은 애절함이 살아있기 때문이다.

「鵲踏枝」는 「蝶戀花」와 동일한 사패이다. 혹자는 「鳳棲梧」라고도 한다. 「鵲踏枝」는 당시에 가장 유행하던 곡조이다. 음조가 그윽하여 들을만하고 글자의 숫자도 적당하다. 이 사패의 구조는 쌍첩으로 전편과 후편이 완전히 일치한다. 성조는 평측(平仄)이 비교적 넓다. 첫 1·3자 제 2구 1자, 3구 1자, 4구 1·3자, 5구 1·3자의 평측이

모두 통용된다. 낭송도 유창하고 절주(節奏)상 짝수와 홀수가 서로
섞이어 있어 잘 연결이 된다. 이러한 느낌은 칠언율시와 유사하다.(제
2, 제 3구절은 다소 다르다)

  사패가 길면 평측과 내용을 쉽게 파악할 수가 없고 너무 짧으면 복잡
한 감정을 표현하기가 쉽지 않다. 풍연사의 사는 이미 소령(小令)만으로
복잡한 감정을 능히 표현할 수 있는 경지에 이르렀다. 이「鵲踏枝」
사패가 바로 그러한 것이다. 훗날「鵲踏枝」를 이용한 가작이 비교적
많은 것은 풍연사가 사를 쉽게 지을 수 있는 모델을 제공하였기 때문에
후인들이 덕을 본 것이다.

  오늘날 풍연사의 사집으로『양춘집(陽春集)』이 전하여 온다. 여기
에는 약 120여 수가 수록되어있으나 타인의 작품도 상당수 첨가되어
있다. 특히 구양수의 사는『거사집(居士集)』50권이 있다. 그는 52세
에 직접 자신의 사집을 편찬했다. 풍연사의『陽春集』은 그 이전에
편찬한 것이므로 구양수가 만약 당시 아직 살아있었다면 억지로 자신의
작품을『陽春集』에 수록하였을 리가 없다고 생각한다.

  『白雨齋詞話』는 "정중의 사는 침울의 극치이고 온유돈좌의 묘함을
이루었다. ― 위장은 온비경과 서로 백중지세이다.(正中詞極沈鬱之
致, 窮頓挫之妙 ― 與韋端己, 飛卿相伯仲)"라고 했다. 그러므로 작가
의 진위 문제가 있는「鵲踏枝」4수는 고금의 절창인 것이다.

  李易安은 이「鵲踏枝」4수가 구양수(歐陽修)의 것이라고 하고 주
이존(朱彝尊)은 풍연사의 것이라고 했다. 그 수법과 구조를 분석하여
보면 구양수는 이러한 창작 수법이 없다. 그리고 구양수의 시대는 송나
라의 태평성세로 풍연사의 시대와 같지 않았다. 비록 두 사람이 모두
관직에서 뜻을 이루지 못했지만 풍연사의 나라가 망한 슬픔이 더욱

크다. 작가는 걱정과 두려움이 마음을 어지럽히어 부득불 이러한 정서를 사에서 발휘하였고 처절하고 답답한 감이 있다. 말을 하려고 하나 하지 못하는 농려(穠麗)한 색채와 처량하고 애석한 감정이 있다. 이것이 풍연사의 특색이다. 구양수의 작품은 풍연사처럼 스스로를 억압할 필요가 없다. 그러므로 이 「鵲踏枝」는 당연히 풍연사의 작품이라고 보는 것이 타당하다.

「鵲踏枝」 (제 2수) 풍연사(馮延巳)
誰道閑情抛擲久? 每到春來, 惆悵還依舊. 日日花前常病酒, 不辭鏡裏朱顔瘦.　　　河畔青蕪堤上柳. 爲問新愁, 何事年年有? 獨立小橋風滿袖, 平林新月人歸後.

헛된 감상을 버린 지 오래라고 누가 말했던가? 봄이 올 때마다 슬픔은 아직 여전하네. 날마다 꽃 앞에서 만취하여 거울 속 붉은 얼굴 야위어도 마다 않네.
강가의 파란 풀과 언덕 위 버드나무, 새로운 슬픔은 왜 해마다 찾아오는지 묻는다. 작은 다리에 홀로 서 있으니 바람은 소매 가득히 불어오고, 평지 숲 위로 막 돋은 달이 돌아간 사람의 뒤를 비추네.

깊은 함정에 빠진 것과 같은 마치 술에 취했거나 바보와 같은 감정을 표현한다. 韓退之는 「送孟東野序」에서 이것을 "모든 사물은 불평이 생기게 되면 소리를 낸다.(凡物不得其平而鳴)"고 했다. 문장은 바로 내심의 불평, 이성과 감정의 충돌, 희로애락의 결과에서 생겨난다. 심경(心境)이 평온할 수 없어 그것이 문장으로 표현되는 것이다. 그러므로 문장은 고민의 상징이다. 따라서 마음이 편안하지 않는 것이 창작의 원천이다. 옛 어른들은 소설이나 그림을 그리는 사람들을 가슴에 불덩어리를 갖고 사는 사람들이라고 했다. 이 말의 의미는 가까이 하기에는 너무 위험한 사람들이라는 의미이다. 그래서 이런 사람들에게는 자녀를 특히 딸을 내주지 않았다.

淘淵明의「閒情賦」에서 '閒情'은 남녀간의 사랑을 말한다. 이 작품에서도 마찬 가지이지만 '閒情'이란 무단히 표현되는 감정을 지칭하는 말이 결코 아니다. 그러므로 '閒情'은 '뿌리가 깊고 견고하며 영원히 존재하고 억압할 방법이 없어 생겨나는 감정'이라고 말할 수 있다. 반드시 원인이 있어 생겨난다.

'誰道'는 반문의 형식을 빌린 것이다. 이로부터 우리는 '閒情'이 이미 오랜 기간 단련을 통하여 절망을 고하고 있음을 알 수 있다. 전반 세 구절의 감정은 우여곡절이 다양하지만 의지가 매우 굳건하다. 陳廷焯은 이러한 감정을 '沈鬱' '頓挫' '深哀'라고 했다.

'抛擲久'는 작가가 이미 도피하고 초탈하려는 강한 의지가 있음을 알 수 있다. 그러나 감정이란 주위의 변화에 따라 생겨나는 것으로 만물이 움트는 봄을 맞이하여 슬프고 걱정스러운 감정이 해마다 이와 같이 변함없이 생겨난다.

작가는 감정을 피할 방법이 없어 자신이 스스로 고통을 받아들이는 것이다. 그러므로 날마다 꽃과 술을 대하고 그 속으로 빠져든다. 淸眞의「解連環」詞에서 '평생 동안 꽃과 술을 대하며 그대를 위해 눈물 흘리네.(抃今生, 對酒對花爲伊淚落)' 역시 이러한 의미가 있지만 병이 날 정도는 아니다. 술을 마시며 꽃을 감상하기 때문에 내 몸이 초췌하여 져도 후회하지 않는다. 애염심미(哀艷深迷)하다. 『白雨齋詞話』는

"시종 뜻이 변하지 않으면 확신하지만 말하지 않는다고 할 수 있다. 결과가 분명하여 확고히 믿고 지키는 것이다. (始終不渝志, 亦可謂自信而不言, 果叡而有守矣)"라고 했다. 풍연사는 이것을 언급하면서 다른 의미를 말했다. 陳廷焯은 작가의 그러한 의미를 명확히 파악하고 있다고 말할 수 있다.

전편은 타인이 질문을 하고 자신이 대답을 하는 형식이지만 사실은 자문자답하는 것이다. 아니면 질문하는 이 없이 스스로 말하고 이런 감정을 포기할 여력도 없어 단지 혼자서 담당하고 있다. 전반부는 자신의 슬픔을 말하고 후반부는 해마다 새로운 근심이 과거의 근심을 억누르는 것을 언급한다. 언덕에서 푸른 버들가지를 만져보며 질문하지만 푸른 버들은 무정할 뿐이다. 실제로는 자신에게 스스로를 긍정하는 것이다. 근인 李漁叔은 이런 감정을 "나를 둘러싼 숙업이 산처럼 무겁고 잠간 사이에 흘러간 세월은 물처럼 빠르구나(纏身宿業如山重, 彈指流年似水忙)"라고 했다. 그러므로 근심은 쌓일수록 더욱 무거워진다. 이런 감정은 외골수로 깊어간다. 이 감정을 어떻게 처리할 것인가. 잊을 수도, 피할 수도, 무시할 수도 없어 단지 받아들인다.

'獨立' 구절은 고독 적막함을 표현한다. 그리고 '風滿袖'는 처량하고 쓸쓸함을 표현하고 있다. 외재적인 처량함으로부터 나 재적인 고독감을 표현한다. 마지막 구절에서는 이런 감정을 영원히 받아들이며 영원히 후회하지 않는다는 것을 묘사한다. 이 작품은 의미가 깊어 갈수록 감정도 갈수록 더욱 견고해진다. 마치 봄누에가 죽음에 이르지만 그 비단은 영원히 존재하는 것과 같다. 杜詩에 "붓을 드니 바람과 비가 놀라고 시를 지으니 귀신도 울고 간다(落筆驚風雨, 詩成泣鬼神)"라는 창작 태도와 이 작품은 같다. 梁啓初는 "신기질의 몇 번의 비바람을 견뎌내고 봄은 총망히 돌아가는가?(稼軒 更能消幾番風雨, 勿勿春又歸去)"라는 작품은 처음 몇 구절이 이 작품에서 나온 것이라고 했다. 양계초가 인용한 신기질의 작품은 「摸魚兒」이다.

「鵲踏枝」 (제 4수)

華外寒鷄天欲曙. 香印成灰, 起坐渾無緖. 庭際高梧凝宿霧. 捲簾雙鵲驚飛去.　　　　屛上羅衣閑繡縷. 一餉關情, 憶遍江南路. 夜夜夢魂休謾語. 已知前事無尋處.

아름다운 집밖 싸늘한 달이 날이 밝음을 알린다. 향불은 재가 되고 일어나 앉아도 혼란한 마음 복잡하네. 정원의 오동은 지난밤 이슬이 맺히고 수렴을 걷으니 쌍쌍의 까치가 놀라 날아가네.

병풍 위 비단옷 한가롭게 수를 놓으며 잠시 마음을 가다듬네. 강남의 길을 두루 추억한다. 밤마다 꿈에서 만나 거짓말 하지 말라, 이미 지난 일 찾을 곳 없음을 아네.

『全唐詩』와 『歷代詩餘』에는 첫 구절 '華外'를 모두 '窓外'라고 했다. 正中과 飛卿의 사는 모두 농려(濃麗)하다. 正中은 농려한 필법으로 처량한 감정을 묘사한 것이 온정균과 다르다. 그러므로 '華外'라고 하는 것이 더 좋다고 생각한다.

첫 구절은 건물의 아름다움을 생각나게 한다. 닭이 우는 소리를 '鷄啼'를 사용하지 않고 '寒鷄'라고 했다. '寒'자는 사람에게 차가운 감각을 준다. 마지막 두 구절 '夜夜'는 '계속' '또' 라는 의미가 있다.

당송 때 향의 모양은 각종 동물의 형상을 모방하여 만들었다. 새벽이 되어 향로의 향은 이미 차가운 재가 되었다. 재로써 자신의 마음을 상징한다. 당시의 감정은 매우 무겁고 어둡다. 그러므로 앉아서 해가 뜰 때를 기다리며 꿈속에서의 즐거움을 묘사한 것이다.

'庭際' 보다는 檐際(판본에 따라 다름)가 좋다. 수렴을 잡아당긴 후 입체적인 대조감이 있다. 李憑은 「공후인(箜篌引)」에서 "빈산에서 공후를 부니 구름이 뭉쳐지고 사라져 흐르지 않네(空山凝雲頹不流)"라고 했다. '凝'자를 이용한 것이 이와 유사하다. 이는 단련을 거친 결과이며 흔적을 보이지 않아 정말로 자연스럽다.

'捲簾' 구절은 당연히 네 번째 구에 와야 한다.

'喜鵲'은 상스러운 의미를 대표한다. 지금 떠나면 더욱 고독하고 의지할 곳도 없다. 봄은 단지 생각 속에만 있을 뿐이고 날마다 생각만 한다. 그러므로 밤에 꿈을 꾸게 되면 생각이 수놓는 옷에 머물지 않고 강남에 있는 사랑하는 사람에게로 달려간다. 밤마다 꿈을 꾸고 꿈속에서 서로 만난다. 그러나 꿈은 허상이며 다시는 이전으로 돌아가지 못하는 것을 안다. 꿈에서는 나를 속이는 말은 하지 말라. 晏幾道의 「자고천(鷓鴣天)」 사에 "그리움은 원래 아무 말도 필요 없는 것, 꽃 앞에서 눈물을 흘리지 말라(相思本是無憑語, 莫向花前費淚行)"고 했다. 술에서 깨어난 후 꿈속에서의 언행이 거짓인 것을 안다. 그러나 하루에 수만 번을 생각하지만 과거로 돌아갈 수는 없다. 이것은 집착이다. 이지적인 확인을 통한 치정이 사람을 더욱 감동시킨다.

「鵲踏枝」 제 3수[8]는 다른 작품과 비교할 때 감정의 깊이가 부족한

---

8) 秋入蠻蕉風半裂, 狼籍池塘, 雨打疏荷折. 繞砌聲芳草歇, 愁腸學盡丁香結.　　回首西南看晚月, 孤雁來時, 塞管聲嗚咽. 歷歷前歡無處說, 關山何日休離別.

것 같다. 여섯 번째 작품을 보자.


「鵲踏枝」 (제 6수)
蕭索淸秋珠淚墜. 枕簟微涼, 展轉渾無寐. 殘酒欲醒中夜起, 月明如練天如水.　　　　階下寒聲啼絡緯. 庭樹金風, 悄悄重門閉. 可惜舊歡攜手地, 思量一夕成憔悴.


맑고 쓸쓸한 가을 눈물방울 떨어뜨리네. 베개와 대자리 싸늘하여 뒤척이며 잠 못 이루네. 남은 술기운 깨려고 한밤에 일어나니, 달은 밝아 흰 명주 같고 하늘은 물빛 같네.

섬돌 아래선 베짱이 울음소리 구슬프네. 뜰 안 나무에 가을 바람불어 살며시 문을 닫는다. 함께 손잡던 옛 기쁨 아쉽기만 하고, 저녁내내 그리움에 초췌해 졌네.


『白雨齋詞話』에서는 "안수의 사와 풍연사의 사는 비슷하지만 모습만 유사하고 내면은 다르다. 풍연사의 사는 사에 뜻을 두어 체용(體用)을 겸비했으므로 당연히 염사(艶詞)로 읽어서는 안 된다. 구양수 안수는 적극적으로 염사를 지었다.(晏殊居士詞與正中詞近而貌合神離, 蓋馮詞意於詞, 體用兼備, 不應當作艶詞讀. 歐晏則極力作艶詞.)"라고 했다. 柳永의 사도 이와 마찬가지다. 사는 비록 염정을 묘사하지만 염사로 볼 수는 없다.

가을의 기후는 다소 싸늘하고 적막한 곳에 홀로 거하며 전전반측 잠 못 이루어 한다. 이 세 구절은 그윽한 염정과 처량한 모습이 아주 잘 표현되어 있다. 염사의 예로 李淸照의 「采桑子」를 보자.

晚來一陣風兼雨, 洗盡炎光. 理罷笙簧, 却對菱花淡粧.　　緯綃
縷薄氷肌瑩, 雪膩曲禾香. 笑語檀郞, 今夜紗廚枕簟凉.

저녁이 되어 한바탕 비바람 불어 더위를 다 씻어 낸다. 생황 연주
를 그치고 마름꽃의 단아한 모습을 본다.

명주실로 얇은 비단 얼음 같은 피부 아름답네. 눈 같은 피부 기름지
고 곡화(曲禾)는 향기롭네, 웃으며 말하는 낭군, 오늘밤 찬장과 베개
가 싸늘하네요.

이 작품은 진정한 염사이다. 주제는 모종의 염정에 의하여 제한을
받아 단지 속으로만 생각할 뿐 소리쳐 부를 수는 없는 이러한 것이
염사이다. 염사를 한 수 더 보자.

「淸平樂」　　劉克莊
宮腰束素, 只怕能輕擧. 好築避風臺護取, 莫遣驚鴻飛去.　　一團
香玉溫柔, 笑談俱有風流. 貪與蕭郞眉語, 不知舞錯伊州.

가는 허리 흰 비단으로 묶고 (춤추니) 너무 가벼워 날아갈까 걱정
이네. (한나라 성제가 조비연을 위해 지은 避風臺 같은) 아름다운
누대에서 그녀를 보호하네. 놀란 기러기를 날아가게 하지 마라.

그녀는 보석처럼 따뜻하고 부드럽게 웃으면서 말하는데 풍류를
갖추었네. 임(蕭郞)과 함께 눈빛으로 속삭이면서 伊州곡을 잘 못
추는지도 모르네.

조비연의 고사를 노래한 것이다. 비연이 춤을 추자 가볍기가 날아다니는 것과 같다. 成帝는 신하에게 명하여 비연의 옷을 잡으라고 했다. 성제는 이 작품에서 伊로 표현했다. 그는 칠층의 누대를 지어 그곳에서 피서를 했다. '蕭郎'은 六朝 이후에 오늘날 張三 李四와 같은 범칭이 되었다.

마지막 구절 '貪與'는 매우 뛰어나다. 미녀는 공개적인 장소에서 대담하게 사랑하는 사람에게 눈빛으로 사랑을 고백한다. 뛰어난 염사라고 할 수 있으며 시에서 표현할 수 없는 감정이다.

본 작품으로 돌아가서 '殘酒欲醒'은 남은 술이 깨고 꿈도 깬다는 것에서 그가 고독하고 처량함을 알 수 있다. 명월은 비단과 같고 좋은 날씨는 강물처럼 부드럽다. 당(唐) 두목(杜牧)의 「秋夕」詩에서는 "사방 밤 경치 물처럼 차가운데, 홀로 앉아서 견우직녀성을 본다(天階夜色 涼如水, 坐看牽牛織女星)"라고 하였고 李義山의 「嫦娥」 시는 "항아는 영약을 훔친 걸 후회하고 있으리, 푸른 하늘 밤마다 홀로 지내고 있네(嫦娥應悔偸靈藥, 碧海靑天夜夜心)"라고 했다. 경치로 감정을 표현한 것이다.

「鵲踏枝」 제 6수는 상편 전반에서는 가을날의 늦은 경치를 묘사하고 하편에서는 가을을 상징하는 벌레소리를 묘사하여 사람에게 처량한 감이 들도록 한다. 이것은 마음이 처량하기 때문이다. '寒' 자는 작자가 단어를 선택한 깊이를 잘 보여준다.

가을은 음양오행으로 金에 속한다. 그러므로 가을 바람을 '金風'이라고 한다. 소리를 묘사하지 않았지만 '庭樹金風'이란 글자에서 나뭇잎 소리가 저절로 들린다.

주인이 가을 소리를 듣고 마음속에 가을에 대한 생각으로 충만했다.

吳文英은 「唐多令」에서 "어디에서 근심하고 있나? 이별한 사람의 마음은 쓸쓸한 가을이네(何處合成愁, 離人心上秋.)"라고 했다. 淸나라 여악(厲鶚 ： 1692-1752)이 가을소리를 묘사한 작품[9])이 있다.

'可惜' 구절이 핵심이다 이전에 이곳에서 두 사람이 서로 사랑하며 손을 잡고 거닐었다 지금은 단지 혼자 남아 홀로 눈물을 흘리고 깨어난다.

『詩經』에서는 '維憂用老(小雅 節南山之什)' '憂能傷人' '思君令人老'로 표현되는 감정이다.

李白은 「將進酒」에서 "아침에는 까만 머리가 저녁에는 눈처럼 희게 되었다.(朝如靑紗暮成雪)"라고 하였다. 그러나 이 작품에서는 '思量一夕成憔悴'라고 하여 더욱 무겁고 깊이가 있다.

陸游(放翁)는 「枕上」詩에서 "향불도 식고 등불도 어두워 꿈속에서 저절로 놀란다. 걱정이 솟아올라 잠에서 깨네. 밤은 긴데 누가 시인과 같이 할 것인가? 오직 가을벌레 소리와 밝은 달뿐.(香冷燈香夢自驚, 淸愁冉冉帶餘醒. 夜長誰作詩人伴, 惟有蟲聲與月明.)"이라고 했다. 사용한 단어들이 위의 작품과 유사하다. 그러나 본 작품만큼 함축적이지 못하며 감정도 깊지 않다. 이것은 시사의 창작 원칙이 다르기 때문이며 사가 시에 비하여 더욱 함축적이기 때문이다.

---

9)「齊天樂」 秋聲館賦秋聲
簟淒燈暗眠還起, 淸商幾處催發. 碎竹虛廊, 枯蓮淺渚, 不辨聲來何葉. 桐飆又接. 盡吹入潘郎, 一簪愁髮. 已是難聽, 中宵無用怨離別.
陰蟲還更切切. 玉窓挑錦倦, 驚響簷鐵. 漏斷高城, 鐘疏野寺, 遙送涼潮鳴咽. 微吟漸怯. 訝籬豆花開, 雨篩時節. 獨自開門, 滿庭都是月.
자신(가을 소리를 듣는 사람)이 작품 속의 수많은 가을 소리를 관통하고 있다. 가을 소리와 작가는 서로 일맥상통하며 마지막 네 구절은 더욱 절묘하다.

「鵲踏枝」  (제 7수)

煩惱韶光能幾許, 腸斷魂銷, 看卻春還去. 只喜牆頭靈鵲語, 不知青鳥全相誤.            心若垂楊千萬縷, 水闊華飛, 夢斷巫山路. 滿眼新愁無問處, 珠簾錦帳相似否.


고민스런 아름다운 시절 얼마나 되나? 애간장 타고 혼을 녹이며 봄이 떠나는 것을 보네. 담장에서 길조인 까치가 전해주는 말 기뻐하고 靑鳥가 완전히 잘못 한 것을 알지 못하네.

마음은 마치 수양버들처럼 천만갈래로 찢어지네, 서로 너무 멀리 있고 봄은 흘러가고 무산의 길가에서 꿈이 깨네. 눈에는 새로운 근심으로 가득하나 물을 곳 없네. 수렴 장막의 그대는 나와 서로 비슷한지?


첫 구절은 늦봄의 풍경을 묘사했다. 아름다운 계절이 잠시 머무르다 지나가는 것과 자신의 청춘이 즐기지도 못하고 무미건조하게 지나가버리는 것을 은유적으로 비유했다. 그러므로 '煩惱'라는 말을 사용한 것이다. 李義山이 杜牧에게 써준 「杜司勳」시에 "刻意傷春復傷別"이라고 했다. 위와 비슷한 감정세계이다.

'看卻'은 이미 '傷春'의 감정이 처음이 아닌 것을 말한다.

갑자기 담장위에서 노래하는 새의 소리를 듣고 마음속으로 생각하는 사람이 장차 돌아올 것이라고 생각하지만 靑鳥에게 속은 것을 알지 못한다. 南唐 中主의 「攤破浣溪詞」에 '靑鳥不傳雲外信'[10]이라고

---

10) 手卷眞珠上玉鉤, 依前春恨鎖重樓. 風里落花誰是主, 思悠悠.    靑鳥不傳雲外信, 丁香空結雨中愁. 回首綠波三楚暮, 接天流.

했다. 여기에서 사용한 청조가 기탁의 의미가 있는 지 없는지는 모르겠지만 청조가 광범위하게 시인들에게 사용된 것은 사실이다. 시인들이 靑鳥를 묘사한 것은 절망적이지 않은 상황이 대부분이다. 그러나 위의 작품은 매우 절망적이다.

'心若' 세 구절은 위의 구절과 연관지어서 해석해야 한다. 봄을 슬퍼하지만 봄은 스쳐지나가듯 가버렸고 생각하던 사람은 아직 돌아오지 않아 마음속으로 매우 번민하고 있다. 그 상태가 수양버들의 천 갈래 만 갈래와 같다. 서로 너무 멀리 떨어져 있어 살아서 만날지 모르지만 꿈속에서 조차 만나기가 어렵다.

'華飛'는 봄이 점차 지나감을 의미한다. 봄철이 지나감을 슬퍼한 작품으로 淸나라 蔣春霖의 「卜算子」가 있다. "제비가 오지도 않았고 작은 정원에 우울한 비만 내린다. 난간 한쪽에 낙화가 모였네. 여기가 봄이 돌아가는 곳. 눈물을 흘리며 봄바람을 보낸다. 술잔을 잡고 날리는 버들 솜에 뿌리네. 부평으로 변해도 걱정, 세상으로 떠나지 마라(燕子不曾來, 滿院陰陰雨. 一角闌干聚落花, 此是春歸處. 彈淚別東風, 把酒澆飛絮. 化了浮萍也是愁, 莫向天涯去.)" 이 작품 역시 꽃이 지고 봄철이 지나가는 것을 묘사했다.

봄이 끝나가면서 자신도 이미 절망한 상태이다. 과거의 근심걱정이 아직 다 아물기도 전에 봄이 떠나가면서 새로운 근심이 또 생겨나 애간장을 태운다. 나는 이렇게 답답하고 속상하지만 이 순간 내가 생각하는 사람은 나를 잊고 호의호식하며 즐기고 있을 것이다. 그러므로 자신에게 스스로 질문을 한다. '珠簾錦帳' 속에 있는 사람이여 그대는 나를 생각하는가?

작가가 표현하는 감정과 생각의 깊이가 매우 깊어 상대에게 화를

내거나 질책하려는 의도는 전혀 없다. 靑鳥의 전고는 漢武帝와 西王
母[11])에서 나왔다. 楚王과 神女는 모두 帝王과 관련이 있다. 그러므로
시사에서 부인을 버리는 것은 신하를 버리는 것을 말한다.

　　　　「鵲踏枝」　(제 12수)
　庭院深深深幾許？ 楊柳堆煙, 簾幕無重數. 玉勒雕鞍遊冶處, 樓高
不見章臺路.　　　　　　雨橫風狂三月暮, 門掩黃昏, 無計留春住. 淚眼問花
花不語, 亂紅飛過秋千去.


　그윽한 정원은 얼마나 큰지? 버들가지 초록의 연무를 드리운 듯
짙푸르고, 커튼을 드리운 건물들 헤아릴 수도 없네. 그대의 옥 말굴레
와 화려한 안장은 기원을 노닐지만, 규원의 누각이 높아도 章臺路는
보이지 않네.
　거친 비바람 부는 삼월의 저녁, 규원의 문은 닫히고 벌써 황혼이네,
아름다운 시절인 봄을 잡아둘 수 없네. 슬피 울며 꽃에 묻지만
말이 없고 오히려 꽃은 어지러이 떨어지고 세월만 간다.


　歐陽修의 사집 『六一詞』에도 위의 작품이 수록되어 있다. 李淸照
[李易安]는 이 작품의 첫 구절을 매우 좋아하여 이것을 모방하여 여러
작품을 지었지만 지금은 단지 「臨江仙」 한 수만 전해온다. 후인들이
이 작품을 구양수의 작품이라고 한 것은 李易安에게서 비롯되었지만

---

11)「三靑鳥」元　楊維楨
　　翩翩三靑鳥, 來自西王母. 作使東王公, 請致東王語.
　　白日不有夜, 四時長爲春. 天上神仙宅, 地上羲皇人.

청대 이르러 주이존(朱彝尊)의 『詞綜』에서 작품의 등격과 창작능력에 근거하여 전인의 설을 뒤엎고 이 작품을 풍연사의 작품으로 결정했다.

첫 구절은 李淸照가 말한 것처럼 음절이 사람을 감동시킨다. 모두 첩자를 사용하였고 쌍성 첩운이라 음절이 뛰어나다. 그러나 세 글자를 중첩하여 사용하면 음절이 좋은 것만은 아니며 음절이 매우 촉박하여진다. 예를 들어 陸游 「釵頭鳳」의 '錯錯錯' '莫莫莫', 劉駕의 「春夜」시에 '夜夜夜深聞子規, 日日日斜空自歸'[12] 등은 세 글자를 두음절로 중첩하였으나 별로 좋지 않다. 문자가 인공적인 느낌이 강하여 하나가 되지 못하고 음절도 유창하지 않다. 위의 두 예는 모두 실패했다. 결국 후인들이 이들에서 한 글자씩을 감했다. 유일하게 성공한 것은 본사에서 동일한 세 글자를 구절의 중간에 놓았기 때문이다. 물론 나머지 글자들의 배합도 관계가 없지는 않다.

첫 구절은 질문이고 제2, 제 3구절은 대답이다. '堆'자는 매우 신경을 쓴 글자이고 음절도 유창하다. 韋莊의 「金陵圖」를 보자.

江雨霏霏江草齊, 六朝如夢鳥空啼.
無情最是臺城柳, 依舊煙籠十里堤.

장강에는 부슬부슬 비가내리고 강변의 풀들이 아름답고
六朝시대 도읍지는 꿈처럼 지나가고 지금은 허공의 새 소리만 들리네.
궁궐(臺城)의 버드나무 무정도하지,
예전처럼 짙푸르고 무성하게 자라 긴 제방에 서있네.

---

12) 近來欲睡兼難睡, 夜夜夜深聞子規. …… 時難何處披衷抱, 日日日斜空自歸

　이 시는 음절의 특징상 '籠'자가 매우 뛰어나다. 그러나 이것을 '堆'자
로 바꾸어 놓는다면 음절이 별로 좋지 않다. '籠'은 東韻에 속하고 성음
이 매우 커 이를 '堆'자로 바꾸면 모든 작품이 생명을 잃게 된다. 시사에
서 유일한 요구는 바로 음절이 유창하고 잘 어울리는 것이다.

　「鵲踏枝」 상편은 정원에는 이미 봄이 깊었지만 주렴도 아직 말아
올리지 않아 겨울과 같은 침묵이 있어 처량하고 인적이 희소한 감정이
들게 한다. 이러한 감정은 "深深深"이라는 세 자로부터 나온다.

　'勒'자는 말굴레의 의미이다. 봄이 깊어 내심 적막하고 이러한 마음을
말할 사람도 없다. 한편으로는 아름다운 말안장위에서 위풍당당하게
노닐며 돌아가지 않고 오히려 머무는 곳은 '章臺路'의 기원이다. 이백의
「採蓮曲」 '岸上誰家遊冶郞, 三三五五映垂楊.'에서 말하는 것은 귀
공자들이 기녀들과 유흥을 즐기는 일을 말한다. 이것은 '芳草生兮萋萋,
王孫遊兮不歸(『楚辭－招隱士』)' '閨中旣以邃遠兮, 哲王又不寤.
懷聯情而不發兮, 余焉能忍與此殆古(『離騷』)'의 감정이 있다. 형상
은 다르지만 내심은 동일하다. 초사와 비교하면 격렬한 맛이 있다.

　늦봄이 끝나가며 화려한 경치도 비에 젖어 지워져가고 더욱 빠르게
봄이 마치려한다. 이 때 혼자서 처량하게 봄과 계절의 화려함을 묶어두
려 하여도 아무런 방법이 없다. 晏幾道 「淸平樂」 전편 네 구절은(留人
不住, 醉解蘭舟去. 一棹碧濤春水路, 過盡曉鶯啼處.) 경치와 이별하
는 광경을 묘사했다. 사인들의 이러한 회포는 일반 사람들과 다르다.
비록 마지막에 원망과 분노를 표시하였으나 여전히 관심을 갖고 있다.
풍연사의 이 구절은 비교적 심후하고 함축적이다.

　사람은 아름다운 얼굴을 영원히 보존할 수는 없다. 이것이 가슴을
매우 아프게 한다. 혹 아름다운 꽃이 봄을 멈출 수 있다면 어쩔 수

없는 가운데 꽃에게 물어보며 자신의 마음으로 꽃의 마음을 헤아려 본다. 그러나 꽃은 무정하게도 대답이 없이 그녀 옆으로 스치면서 지나가 사랑하는 이의 마음을 더욱 아프게 한다.(그네 옆을 스치는데 꽃은 말이 없다. 자신이 떠돌이 신세로 질문에 대한 답을 표현한 것이다. 그러므로 꽃은 감정이 있다.) 宋 진량(陳亮)의 「水龍吟」에 "꽃피는 아름다운 풍경을 길손은 상관도 하지 않네. 오직 앵무새와 제비만 즐긴다(芳菲世界, 遊人不管, 盡付與鶯和燕)"고 했다. 언외(言外)의 뜻이 있다. 본사의 마지막 두 구도 이와 같다. 감정의 표현은 다소 느리지만 여러 층의 의미가 중첩되어 감정이 진하다. 陳廷焯은 이것을 '詞意殊怨, 然怨之深亦厚之至'라고 했다. 이 작품에서는 주인공이 원망을 하지만 화를 겉으로 나타내지 않는다. 王國維의 '有我之境'은 나의 관점으로 만물을 보고 만물도 나의 색채에 착색 되는 것이다. 예를 들어 '淚眼', '問花' 두 구절은 나의 관점에서 보는 '有我之境'이다.

「鵲踏枝」 (제 14수)

六曲闌干偎碧樹. 楊柳風輕, 展盡黃金縷. 誰把鈿箏移玉柱. 穿簾燕子雙飛去.　　滿眼游絲兼落絮. 紅杏開時, 一霎淸明雨. 濃睡覺來鶯亂語. 驚殘好夢無尋處.

여섯 굽이 난간은 푸른 나무에 기대어 있고 버드나무는 봄바람에 황금 가지를 가벼이 날리네. 누가 황금 머리 장식이 된 쟁의 안족을 옮기나? 주렴을 날아들며 제비가 쌍쌍이 난다.

눈 가득히 꽃은 떨어지고 버들 솜 날아다니네. 살구꽃 필 때 갑자기 봄비가 내리네. 앵무새 소리에 놀라 깊은 잠에서 깨어나니 단꿈을 찾을 길이 없네.

  '六曲闌干'은 구불구불한 난간이다. 명승지에서 경치를 더욱 돋보이게 장식하며 절대 가난한 가정에 있는 물건이 아니다. 난간 옆에 푸른 나무들은 그윽하고 맑은 정원을 표현한다. 버드나무 가지가 수천 수만 갈래로 나부낀다.

  황금으로 조각(片)을 만든 것은 머리 장식을 말한다. 이것을 '비녀(鈿)'라고 한다. 이것은 옥으로 가야금의 현을 조율하는 안족(雁足)을 만드는 것과 같다. 곡조가 끝나면 반드시 다음 곡을 위하여 현을 조율한다. 그러므로 음악 소리에 놀란 기러기가 날아간다는 것은 반어법으로 현을 조율하지 않고자 하는 마음을 묘사한 것이다. 앞 세 구절은 화려하며 정치적으로 번화한 시기에 모종의 요인으로 말미암아 현을 고쳐(사람이 불행해져서) 번성한 중에 이미 쇄락의 징조를 보인다.

  '誰把' 구절의 사람은 불행하다. 이 사람은 다소 여유가 있을 수는 있지만 다시 전성기로 회복할 능력은 없다. 그러므로 번성하는 중에 쇄락함이 보이고 즐거운 중에 슬픔이 엿보인다. 이러한 것을 표현하는 것은 쉽지 않다. 풍연사의 사에서는 슬픔과 기쁨이 동시에 발산된다.

  '滿眼' 구절은 杜詩 '落花遊紗白日精, 鳴鳩乳燕靑春深'에서 변화한 것이다. 꽃이 지고 버들가지와 솜털이 시야에 가득하다. 원래는 아직 봄내음이 나는 시기이지만 무정한 비바람이 이러한 경치를 모두 변화시킨다.

  '一霎' 구절은 모든 경치가 변화하는 것으로 처량함을 표현한다. 온정균의 「菩薩蠻」도 이런 감정을 표현한다. 그러나 온정균은 냉정하고 풍연사는 뜨겁다.

현을 조절하지 않아 제비가 놀라 날아가 버렸다. 이곳에서도 '鶯'과 '驚' 자를 사용했다. 잠을 자다가 꾀꼬리 우는 소리에 깨어나 꿈속의 일을 생각하지만 기억을 할 수 없다.

'無尋處' 세 글자는 한 조각의 절망과 허탄함을 표현한다. 『莊子』「知北遊」에 "천지의 산림과 토양들은 크고 아름답다. 나를 기쁘게 한다. 기쁨이 아직 다하지도 않는데 슬픔이 이어서 온다.(山林歟, 皐壤歟, 使我欣然而樂歟, 樂未畢也. 哀又繼之.)"라고 했다. 이 작품도 이러한 슬픔과 기쁨이 같이 존재하는 경계이다.

「채상자(采桑子)」 (제 7수)

笙歌放散人歸去, 獨宿紅樓. 月上雲收, 一半珠簾挂玉鉤.　起來點檢經由地, 處處新愁. 凭仗東流, 將取離心過橘洲

생황노래 마치자 사람들은 돌아가고 홀로 강가 누각에 머문다. 달뜨고 구름 걷히니 주렴을 반쯤 옥고리에 건다.
과거 내가 유람하였던 지역마다 모두 새로운 근심이 생긴다. 동쪽으로 흐르는 강물 따라 이별의 마음은 귤주를 지난다.

풍연사의 「채상자」 사패(詞牌)는 모두 13수가 수록되어 있다. 이것은 그중에서 일곱 번째 작품이다. 「채상자」 사패의 구조는 칠언과 사언으로 구성되어 있고 전후편의 평측이 같다. 평측이 유려하고 평운을 사용하여 읽기에 매우 아름답고 가벼우며 좋다. 이 사패는 길손이 여행을 하며 귀가하지 못하여 걱정하는 감정을 표현하기에 적합하다. 풍연사의 「채상자」는 감정이 깊이가 있으나 결코 처량하지는 않다.

앞의 두 구절은 번화함을 표현한 후 적막한 고요함을 묘사한다. '獨宿' 구절은 첫 구절의 의미로 결말을 지었다.

'月上' 구절은 상하를 연결한다. 이것은 전편의 四言体 두 구절의 용법을 위한 것이며 두 번째와 세 번째 구절은 다소 단절되어 있다.

하편은 적막 중에 생겨나는 悲哀이다. 사람들이 모두 돌아간 후 강가에서 홀로 잠을 자고 달빛이 물과 같고 강가 누각의 주렴은 이미 절반 정도 걸려있다. 달빛은 이미 누각으로 깊이 들어오고 처량한 감이 있다. 혼자 잠자는 누각에 창문으로 달빛이 스미어 들어 과거에 대한 회상이 시작되었다. 과거 내가 유람하였던 지역마다 모두 새로운 근심이 있었다. 새로운 근심이란 과거의 근심이 있다는 말을 내포한다. 그러므로 작가는 동쪽으로 흘러가는 강물에 자신을 실어 湖南으로 가고 싶은 것이다. 그러나 풍연사는 평생 한 번도 귤주(橘州)에 가본 적이 없다. 혹 어느 해인가 南唐이 湖南 지역을 점령하였으나 다시 잃어버렸다. 그는 재상이므로 이것을 생각하며 마음이 괴로운 것이다.


「採桑子」 (제 5수)

小堂深静無人到, 滿院春風. 惆悵牆東. 一樹櫻桃帶雨紅.　　愁心似醉兼如病, 欲語還慵, 日暮疏鐘, 雙燕歸棲畫閣中.


이것은 죽음을 애도한 작품이다. 주인공이 반려자를 잃고 홀로 꽃을 감상한다. 그러므로 온통 슬픔에 가득 차 있다. 하편은 경치를 묘사한다. 아름다운 나무 사이로 나비와 쌍쌍의 제비가 날고 있다. 과거의 일을 다시 생각할 필요는 없는 것. 마지막 역시 경치를 묘사하며 매듭을 짓는다. 자신의 감정을 표현하려하나 말하지 않고 있어 더욱 애달프다.

사에 있어서 요구(拗句)와 요체(拗體)는 음악적인 필요에 의하여 배합하며 다음과 같은 특징이 있다.

1) 작곡자의 기교를 표현한다.

2) 요체나 요구로부터 해당 사패의 음악적 특색을 알 수 있다.

요체는 일반적인 음악적 조화보다 발전된 음악적 조화를 표현한다. 이것은 부조화의 조화를 표현한다. 예를 들어 요체가 아니면 그 특색을 보여줄 수 없거나 또 다른 차원의 조화를 표현한다  요체는 초기의 사에서는 잘 보이지 않는다. 이러한 것의 주된 이유는 요체는 음악이기 때문에 후기에 와서 더욱 기교가 복잡해지면서 발달한 것이다. 전반기의 小令에는 요구가 거의 없고 말기 長調에서 요구가 출현한다. 예를 들어 「齊天樂」의 마지막 두 구절의 평측은 '平平去平平去'이다. 이곳은 거성과 상성의 구분이 매우 분명하며 절대로 틀려서는 안 된다. 강기(白石)의 「暗香」마지막 구절은 '又片片, 吹盡也, 幾時見得'이다. 이 구절의 평측은 '仄仄仄, 平去上, 上平去入'이다. 본래는 '平平' 혹은 '仄仄' 二音이 한조이다. 지금은 이를 파괴하고 일부러 요체를 사용했다. 張炎의 「憶舊遊」상편 마지막 구절은 '千山未必無杜鵑'으로 '平平去入平去平'이다. 이런 것들이 요구(拗句)이다.

대표적인 요체(拗體)는 史達朝의 「壽樓春(尋春服有感)」이다.

이 작품은 雙調 一百一字, 前段 十句 六平韻, 後段 十一句 六平韻이다.


裁春衫尋芳. 記金刀素手. 同在晴窗. 幾度因風殘絮. 照花斜陽.
誰念我、今無裳. 自少年、消磨疏狂. 但聽雨挑燈. 欹床病酒. 多夢睡時妝.

飛花去. 良宵長. 有絲闌舊曲. 金譜新腔. 最恨湘雲人散. 楚蘭魂傷.
身是客. 愁爲鄉. 算玉簫、猶逢韋郎. 近寒食人家. 相思未忘蘋藻香.


이 작품은 전고가 있다. 당위고(唐韋皐)는 四川節度使로 부임을
했다. 일찍이 그는 張家에서 손님으로 있으면서 靑衣(노비)를 매우
좋아했다. 그는 그녀와 이별을 하며 玉環을 선물하고 靑衣(이름 玉簫)
에게 '7년 후 반드시 너를 부인으로 데려가겠다.' 라고 약속을 했다.
7년이 지나자 여인은 그를 기다리다 금식을 하며 굶어죽었다. 그러자
당위고는 도사를 청하여 그녀의 혼을 불러 위로했다. 靑衣의 혼이 말하
기를 "13년 후에 반드시 다시 만날 것이다"라고 했다. 때가 이르자 당위
고가 절도가 되었고 손님이 기녀를 선사했다. 기녀의 이름은 玉簫이
며 그녀의 손에는 당위고가 청의에게 준 玉環이 아직도 있었다.

위의 작품은 요체(拗體)이며 요긴한 곳의 평측은 모두 요구이다.
이것을 변동할 수 없고 요체의 표준이라고 할 수 있다. 사에서 평성자의
사용이 특히 많다. 『實用詞譜』에서 말하기를 "맑은 금슬 애절한 소리,
슬픈 사람의 막힌 마음(淸瑟哀弦, 淒人心膈)"이라고 했다. 애원하며
소리를 낮게 드리우면 음을 높일 수 없다. 그러므로 사의 마지막 부분에
이러한 것을 사용한다. 만약 이 사에서 평성을 사용하는 곳을 모두
측성으로 변경하면 즉 표준 격률로 바꾸면 오히려 이러한 감정을 표현할
수 없게 된다. 사에서는 시에서 말하는 소위 拗句에 대한 救拗가 없다.


　　　　「淸平樂」　　馮正中
　雨晴煙晚. 綠水新池滿. 雙燕飛來垂柳院, 小閣畫簾高卷.　　黃昏
獨倚朱樓, 西南新月眉彎. 砌下落華風起, 羅衣特地春寒.

봄비 개이고 저녁 안개 내리니, 맑고 푸른 물 새 연못에 가득하네.
쌍쌍의 제비는 수양버들 정원에 날아들고 작은 누각은 수렴을 높게
거네.
  황혼에 홀로 붉은 누각에 기댄다. 서남쪽 새달이 눈썹처럼 생겼네.
섬돌아래 낙화에 바람이 불어 얇은 비단 옷 심하게 봄추위를 느끼네.


  '우청연만(雨晴煙晚)' 구절은 초기 사의 창작법이다. 宋代 詞人이라
면 "어지러운 빗방울이 봄을 두드리고 깊은 안개 저녁에 깔렸네(亂雨敲
春, 深煙帶晚)"라고 하였을 것이다. 그러나 이렇게 되면 이미 인위적인
맛이 있으며 晚宋에 이르면 인위적인 느낌이 더욱 강하게 된다.
  제비는 초여름에 왔다가 늦가을에 떠난다. 전편은 늦봄의 풍경을
꾸밈없이 묘사했다. 강남의 경치는 정말 그림과 같다. 전편은 사람에
대한 언급이 없고 하편에 사람을 묘사한다. 이런 좋은 시각에 홀로
누각에 기대어 있다. 고독함이 보인다.
  바람이 불어 나뭇가지들이 위아래로 날린다. 담담한 감회를 묘사한
다. 삼월이 되어 날씨가 따뜻해지면 얇은 비단옷을 입는다.
  홀로 기대어 있으므로 봄날의 싸늘함을 느낀다. 그러므로 '特地' 두자
를 사용했다. 이 두자는 외형뿐 아니라 내심의 처량함을 표현한다. 마지
막 여섯 자의 음절이 매우 긴밀하며 사의 이미지와 잘 배합되어 있어
사람을 더욱 감동시킨다. 杜甫는 「佳人」의 마지막 구절에서 "天寒翠
袖薄, 日暮倚修竹"이라고 했다. 이곳의 두 미녀는 모두 고결함의 극치
이고 평범한 인물이 절대 아니다.
  상편의 운자(韻字)는 '晚' '滿' '院' '捲'이고 모두 측운을 사용하여
읽어보면 聲情이 촉박한 감이 있다. 반대로 하편의 1, 2, 4자는 모두

평성운이며 편안한 감이 있다. 이 작품은 원망하되 화를 내지 않는 종류의 작품이다.

이 작품은 小令으로 상하편의 자수와 용운이 모두 다르다. 그러므로 형식은 小令이지만 이미 사가 구비하여야할 변화를 모두 갖추었다고 말할 수 있다. 雙疊과 換頭도 이러한 小令의 변화에 길이를 늘인 것에 불과하다. 小令은 換韻을 하지만 長調는 오히려 一韻到底로 二, 三, 四疊을 막론하고 모두 換韻을 하지 못한다.

「酒泉子」는 운이 主韻과 陪韻이 있다. '川' '飛' '邊' '然' '天'은 主韻이고 '路' '去' '處' '淚'는 陪韻이다. 長調는 이렇지 못하다. 東坡의 「定風波」는 '聲' '行' '生' '迎' '晴'은 主韻이고 '馬' '怕' '醒' '令' '處' '去'는 陪韻이다. 운자의 사용이 이렇듯 다른 것은 소령은 운자의 사용이 매우 활발한 감이 있고 낭송하기에 가볍지만 長調는 원래 중후하고 품위가 있음을 위주로 하기 때문이다.


「알금문(謁金門)」 馮正中
楊柳陌. 寶馬嘶空無跡. 新著荷衣人未識, 年年江海客.　　夢覺巫山春色, 醉眼飛花狼籍. 起舞不辭無氣力, 愛君吹玉笛.


버드나무 언덕에 천리마 우는 소리 들리더니 흔적도 없이 사라졌네. 새로 호화스런 옷을 입은 저 사람을 알지 못하네. 아마도 해마다 사해를 떠도는 협객이겠지.

무산의 꿈처럼 그대와 꿈속에서 사랑을 하네, 취한 눈빛에 어지러이 흩날리는 꽃들. 이미 힘이 없지만 일어나 춤을 춘다. 그대의 아름다운 옥피리 소리를 듣기 위해서.

풍연사는 南唐 中主가 즉위하기 이전부터 그의 主匡이며 師友관계였다. 그러므로 중주의 사가 풍연사의 영향을 많이 받은 것은 당연하다. 그는 44세에 閩 지역을 정벌하다 실패하고 그 책임을 지고 다음해에 撫州節度使(南昌)로 좌천된다. 50세에 재상이 되고 다시 湖南을 공격하여 잠시 점령하였으나 결국 湖南을 적에게 넘겨주어 재차 撫州로 좌천된다. 이 작품은 아마도 첫 번 무주절도사 시절에 지은 작품인 것 같다.

'楊柳'는 이별로 영혼을 태우는 나무다. 王之渙의 절구에 "楊柳東風樹, 靑春夾御河. 近來攀折苦, 應爲別離多."라고 하였고 劉禹錫은 "長安陌上無窮樹, 惟有垂楊管別離"라고 했다.

버드나무 언덕은 무한한 이별의 감정을 표현한다. 이 감정은 분명히 연정이며 中主와 이별의 감정을 암암리에 말하고 있다.

'嘶空無跡'은 李賀의 「金銅仙人辭漢歌」에 '茂陵劉郎秋風客, 夜聞馬跡曉無跡'에서 왔다. 이는 시간이 매우 빠르게 지나가는 것을 지적한 것이다. 또 '憶君淸淚如鉛水'라고 한 것은 이렇게 금동선인을 이해하려한 것이다.

두 번째 구절은 주제와 일치하지만 의미상으로 단절이 된다. 혹자는 몰래 중주가 남당열조와 만나는 것을 생각하며 과거의 상황으로 현실을 즐기는 것이라고 한다. 이러한 것이 中主를 더욱 슬프게 한다.

『楚辭, 九歌, 小司令』에 "製芰荷以爲衣兮. 集芙蓉以爲裳. 不吾知其亦已兮. 苟余情其信芳."이라 했다. '荷衣' 구절은 초사에서 나온 것이다. 전신의 향기가 순결하며 타인이 몰라도 무방하다. 자신의 몸을 깨끗하게 하고 수련을 하여 굳은 의지를 지키고자 하는 것은 니가 강호에 살면서 변화가 있기 때문은 아니다.

杜詩「洗兵馬」는 "張公一生江海客, 身長九尺鬚眉蒼"이라고 했다. 張公은 당나라 肅宗 때 재상 張鎬를 말한다. 숙종이 兩京을 수복할 때 張鎬는 재상으로 군사를 독려했다. 그가 재상 직에 부임하지 않았을 때는 강호에서 은거하고 있었다. 이 작품에서 풍연사는 자신을 張鎬와 스스로 비교한 것이 아닌가 한다.

'巫山'은 초나라 양왕(襄王)이 꿈속에서 선녀를 만난 곳이다. 이 전고는 송옥의 부에서 나온다. 이것은 신하가 임금을 사모하는 정을 비유한다. 지금 꿈은 이미 깨어나고 생각만 할 뿐 눈앞에 휘날리는 꽃을 보며 회한의 술을 들이키며 자신의 한을 슬퍼한다.

'夢覺' 두 구절은 曹操의 「龜雖壽」 시에 "천리마 늙어 말구유에 누웠으나 그 뜻은 아직 세상에 있네, 열사는 늙었으나 웅장한 포부는 여전하구나.(老驥伏櫪, 志在千里. 烈士暮年, 壯心未已.)"와 같이 한 번은 委婉하고 한 번은 豪放하다. 그러나 비참한 정은 서로 비슷하다. 杜甫는 「漫興」 시에서 "내 뒤의 복잡하고 많은 것 생각지 말고 눈앞의 술이나 모두 비우세.(莫思身後無窮事, 且盡身前酒一杯)"라고 하여 다소 퇴폐적인 의미를 표현한다.

마지막 두 구절은 앞 구절과 연결된다. 상대를 위하여 춤을 추고 풀피리를 버린다. 이것은 知己와 순정을 표현한다. 즉 여인은 자신을 예뻐하는 사람을 위하여 화장을 하고 군자는 자신을 인정하는 사람을 위하여 죽는다는 의미의 표현이다.

여덟 구절 모두 측운을 사용하고 비정한 감정을 끈끈하게 표현했다. 감정이 聲情으로부터 완전히 드러나 있다.

풍연사가 이 작품을 지을 때는 이미 거의 50에 가까운 시기이다. 그러므로 '起舞不辭無氣力'이라고 말한 것이다. 저자의 기탁이 있는 듯 하다. 『禮記』에 "十三舞勺(文舞), 成童(15세)舞象(鉞)", 『周禮』에 "以樂舞敎國子"라고 했다.

또 『楚辭, 九歌』에 "成禮兮會鼓. 傳芭兮代舞. 姱女倡兮容與, 春蘭兮秋菊, 長無絕兮終古."라고 했다. 춤추는 여인을 묘사한 작품으로 송나라 張先의 작품을 보자.


　　「減字木蘭花」　　張先
　垂螺近額, 走上紅絪初趁拍. 只恐驚飛, 擬倩游紗惹住伊.　　文鴛繡履, 去似風流塵不起. 舞徹梁州, 頭上宮花顫未休.


　나선형 머리를 이마에 드리우고, 음악의 박자에 닺추어 붉은 주단을 밟는다. 춤사위가 너무 빨라 날아갈까 두렵네. 그녀를 끌어다 공중에 무형의 비단으로 묶어놓는다.
　원앙을 수놓은 화려한 신을 신고 바람처럼 흘러가니 먼지도 일지 않네. 梁州곡 춤이 끝났으나 머리의 장식물이 아직도 흔들린다.


　大曲은 많은 소곡으로 이루어져 있다. 대곡의 주요 성분 세 가지는 敎序(散序), 排遍, 入破이다. 대곡은 처음에 반주드 없이 시작하고 排遍에 이르러 비로소 반주가 있고 노래를 시작한다. 入破 때 박자의 절주가 점차 빨라지기 시작하여 춤을 시작한다. 많은 편이 있고 마지막 편을 '철(徹)'이라고 하고 노래가 거의 끝이 난다.


　　「謁金門」 (제 3수) 馮正中
　風乍起, 吹縐一池春水. 閑引鴛鴦香徑里, 手抒紅杏蕊.　　鬥鴨

欄杆獨倚, 碧玉搔頭斜墜. 終日望君君不至, 擧頭聞鵲.


  갑자기 봄바람이 불어 연못 가득 파문이 인다. 손으로 붉은 살구꽃술을 따서 한가로이 원앙에게 장난을 치며 꽃길을 걷네.

  홀로 난간에 기대 싸움하는 오리를 보다 벽옥의 머리장식이 흔들리며 비스듬히 떨어지네. 종일토록 그대를 기다리지만 그대는 오지 않고 고개를 드니 멀리서 까치소리만 들리네


  바람이 물위로 불면 파문이 일듯 자연스럽게 문장이 되어 인공적인 면이 하나도 보이지 않는다. "風乍起 吹縐一池春水"와 "小樓吹徹玉笙寒" 등은 말로 자연스러운 오묘함을 이루고 있다. 마지막 두 구절이 특히 뛰어나다. 여음이 있어 감정이 무한하다.


        「長命女」      馮正中
    春日宴. 綠酒一杯歌一遍. 再拜陳三願.        一願郎君千歲, 二願妾身常健. 三願如同梁上燕, 歲歲常相見.


  봄날의 연회에 녹주 한잔에 노래 한 곡조를 부르네. 다시 세 가지 소원을 말한다.

  첫째는 낭군께서 장수하시고 둘째는 제가 항상 건강하고 셋째는 서까래위의 제비처럼 매년 만날 수 있기를 바라네.


  이 작품은 부드럽고 전혀 인공적인 수식이 없으며 아주 자연스럽게 낭송할 수 있다. 문맥이 전체적으로 일관성이 있다. 전혀 음률의 제한을

받지 않아 먼저 사를 짓고 나중에 음악에 맞춘 듯 하다. 이제 사대부의
손을 거친 「長命女」를 한 수 더 보자.

　　　「長命女」　　구양형(歐陽炯)
　天欲曉, 宮漏穿花聲繚繞. 窓裏星光少.　　　　　　冷霞寒侵帳額, 殘
月光沈樹杪. 夢斷錦屛空悄悄. 强起愁眉小.


　날이 밝으려 하니 궁궐의 물시계 꽃을 뚫는 듯 소리가 감돈다.
창가의 별빛이 드물다.
　차가운 안개가 싸늘하게 휘장에 드리우고 잔월의 달빛이 나뭇가지
끝에 머물 때, 꿈은 비단병풍처럼 끊어지고 헛된 근심뿐, 억지로
일어나 근심어린 눈썹 찌푸리네.


　구양형의 작품은 궁궐의 여인들의 한을 주제로 하고 있다. 풍연사의
작품보다 수사적인 면에서 고상하지만 자연스럽지 않다. 莊子가 말하기
를 '以無厚入有間'(庖丁解牛)이라고 했다. 이 말은 포정이 소를 각
뜨면서 칼날을 고기 사이에 집어넣어 뼈와 살을 발라내는 것을 비유한
것으로 칼날이 들어갈 여유가 있다는 것이다.
　풍연사의 「長命女」는 느낌이 천박하고 평담하지만 심후하고 깊은
아름다움을 보여준다. 그 의미가 천박할수록 그중에서 더욱 우아하며
간절한 감정이 있다. 특히 절주(節奏)는 고악부와 동일한 묘함이 있어
더욱 귀하게 생각한다.
　이 작품에서 묘사한 것은 젊은 여인의 心聲이다. 작품이 비록 천박하
지만 절주가 막힘이 없고 전체 음률과 훌륭한 기교를 이루고 있다.

첫 번과 두 번째의 바램은 직접 서술하고 세 번째는 다시 직접 서술할 수 없어 비유법을 사용했다. 봄날이 되어 제비가 다시 돌아오는 것과 같이 해마다 그대를 만날 수 있으면 만족한다는 것이다. 이것을 읽어보면 깊은 사랑이 사람을 감동시킨다.

韋莊의 「思帝鄕」에 '春日遊, 杏花吹滿頭'와 유사한 의미를 이 작품에서는 '春日宴'이라고 했다. 동일하게 소녀의 마음 상태를 묘사하였지만 활기가 있고 생동하는 것은 위장의 여인은 백절불굴의 의지와 무한한 열정이 있고 풍연사의 여인은 깊이 있는 부드러움과 아름다움이 있다. 남녀의 애절한 사랑을 그린 진관(秦觀)의 작품을 한 수 보자.

「작교선(鵲橋仙)」　秦觀(1049-1100)
纖雲弄巧, 飛星傳恨, 銀漢迢迢暗度. 金風玉露一相逢, 便勝卻人間無數.　　　柔情似水, 佳期如夢, 忍顧鵲橋歸路. 兩情若是久長時, 又豈在朝朝暮暮.

섬세한 구름 변화무쌍하고, 유성(流星)은 한을 전하러 아득한 은하수 몰래 건너네. 가을바람 옥 같이 맑은 하늘에서 한번 만남은 인간세상의 무수한 만남보다 낫네.

은은한 감정은 물과 같고 좋은 시절 만남은 꿈과 같아 어찌 오작교의 귀로를 돌아보리. 두 사람의 사랑이 영원하다면 조석으로 못 만난들 어떠한가?

진관(秦少游)의 작품은 무수한 이별을 거쳐 천신만고 끝에 만족을 그리고 있다. 풍연사가 묘사한 여인이 해마다 보고자하는 것과는 전혀 다르다. 어찌할 바를 모르는 깊은 애절함이 있다. 견우와 직녀가 시에 등장하는 것은 六朝시대이다.

梁宗懍의 『형초세시기(荊楚歲時記)』는 湖南 湖北의 절기 풍속을 묘사하고 있다. 견우직녀의 민간고사는 육조시기에 이미 상당히 보편화되었다.

陳鴻의 「長恨歌傳」에서 당 현종과 양귀비가 칠석날에 앞으로 헤어지지 않고 행복하게 살 것을 맹세하는 장면이 나온다. 즉 당나라에도 이러한 고사는 널리 유행되었던 것을 알 수 있다.

처음 세 구절은 아직 만나지 못한 상황의 감정을 묘사한다. '弄巧' 두 글자는 구름의 변화무쌍함을 말한다. 이는 작자의 신세를 한탄하는 감이 있다.

사람은 아직 오지도 않았는데 한스러운 감정이 먼저 생긴다. 靑鳥가 편지를 전하려 하던 것이 바뀌어 유성(流星)이 한을 전달한다. 은하수는 멀리 암담하게 드리워 있다. 「古詩十九首」의 "아득한 견우성, 환한 은하수가의 직녀. 고운 흰 손들어 잘칵 잘칵 베를 짜네. 종일 한 폭도 못 짜고, 눈물만 비 오듯 흘리네. 은하수 맑고도 얕아, 서로의 거리 얼마나 되나? 찰랑거리는 강물 사이에 두고 훔쳐보며 말도 하지 못하네. (迢迢牽牛星, 皎皎河漢女. 纖纖擢素手, 札札弄機子. 終日不成章, 涕泣淚如雨. 河漢淸且淺, 相去復幾許. 盈盈一水間, 脈脈不得語.)"의 감정이다.

낮게 드리운 은하수에서 사람은 아직 떠나지 않고 유성만이 한을 전한다. 오늘밤은 이미 지나가고 있다. '暗' 자는 '七夕'을 가리킨다. 은하수는 원래 낮게 드리운다. '迢迢'를 사용하여 이것을 형용했다. 이는 멀리 떨어져 만나지 못하는 相思의 고통을 짐작하게 한다.

辛稼軒의「武陵春」詞에 다음과 같은 상사의 작품이 있다.

走去走來三百里, 五日以爲期. 六日歸來已是疑. 應是望多時.
　　鞭過馬兒歸去也, 心急馬行遲. 未免相煩喜鵲兒, 先報那人知.


걸어서 왔다갔다 300리, 닷새를 약속하고 떠났네. 육일째 돌아와도
이미 의심스러워, 오랜 동안 먼 곳을 바라다본다.
　말에 채찍질하며 돌아가네, 마음은 급하고 말은 느리다. 희소식
전하는 까치에게 부탁하여 먼저 그대에게 소식전하네.


　辛稼軒의 작품에서도 역시 相思의 괴로움이 잘 나타나 있다. 짧은
거리를 길게 느끼고 있다.
　秦觀의「작교선」에서 가을은 음양오행으로 金에 속한다. 그러므로 가
을바람을 '金風'이라고 한 것이다. '玉露'는 맑은 가을 하늘을 가리킨다.
　'金風' 두 구절은 어쩔 수 없는 만족이다. 혹자는 천상의 하루가 인간
세계의 일년이라고 말한다. 이것도 하나의 설명이 될 수는 있지만 위의
작품에 적용할 수는 없다. 깊이가 서로 다르기 때문이다. 만약 진정한
사랑이 아니라면 매일 얼굴을 맞대어도 아무런 소용이 없는 것이다.
소위 '마음이 맞으면 멀리 떨어져 있어도 한 마음이고 마음이 딴 데
있으면 지척에 있어도 천리간'인 것이다.
　혹자는 "이 작품은 본래 정치적이다. 秦少游는 귀양을 가서도 元祐
黨에게 일편단심의 충군사상을 노래하는 것이다."라고 했다.
　'佳期'는 음력 7월 7일 서로 상봉하는 시기를 말한다.
　마지막 두 구절은 앞에서 다하지 못한 말을 보충한다. 그중에는 위로

와 흠모 처량한 원망과 이해의 심리상태를 표현한다.

　秦少游는 정치적으로 평생 뜻을 이루지 못했다. 그러므로 이 작품을 빌어 감회를 발산한다. 이 마지막 두 구절은 매우 신선하며 감정을 묘사한 최고의 걸작이다. 원래 견우직녀의 이야기는 비극적이지만 이것을 秦少游가 원만하게 보충한 것이다. 참고로 견우직녀에 관한 시 두 수를 인용한다.

　　　「初遇邊朝華」　秦少游
　天風吹月入闌干, 烏鵲無聲子夜寒. 織女明聲來枕上, 了知身不在人間.


　李白의 「桂殿秋」도 견우직녀를 노래한다.


　河漢女, 玉鍊顔, 雲軿往往到人間. 九霄有路去無際, 嫋嫋香風生佩環.


　위의 두 시에 묘사된 직녀는 秦少游의 사에서 묘사된 직녀만큼 고귀하지 못하다.

 **5**   당 오대의 사단(詞壇)과 이경(李璟)


　五代는 여전히 전운이 감도는 50년으로 민생이 도탄에 빠지고 질서가 없었다. 宋末 元初 鄭所南의 『心史』 시집에 "地走人行獸, 春開鬼面花"라고 했다. 이것은 五代가 黃巢, 秦宗權 등과 같은 살인을 일삼는 도적의 세상이었고 중원의 문물도 모두 파괴되었음을 말한다. 그런데 남방의 서촉과 남당만은 그렇지 않았다. 이 때문에 사대부들은 모두 촉으로 피난을 왔다. 그러므로 중원문화가 점차 촉으로 유입되었다. 『花間集』도 바로 촉에서 완성된 것이다. 당시 문학과 풍류의 상황은 南唐의 李昇이 연 것이라고 한다. 李昇은 楊行密 밑에서 일을 하였으나 후에 楊行密을 평정했다. 이승은 무를 멸시하고 문을 중시하여 북방의 徐鍇 徐鉉 韓熙載 馮正中과 같은 문사들이 모여들었다.

李璟의 사는 馮正中의 영향을 가장 많이 받았다. 정사(正史)에서 그를 평가하기를 '이목구비가 그림과 같다(眉目如畵)' '음악에 정통하다(善曉音律)' '천부적 자질이 고매하다(天資高邁)' '문학성이 풍부하다(富文學)'라고 했다. 이경은 어려서 조용히 살고자 했다. 만년에 북방의 周나라 世宗이 흥하여 북방을 편정하고 남방을 침략하기 시작하여 장강 이북의 땅을 약탈했다. 이경은 스스로 항복을 하고 '국왕'으로 자칭하며 북주의 신하가 되었으나 나이가 많고 경제도 이미 파경에 이르러 사망하고 말았다.(南唐은 金陵에 도읍하였으나 후에 南昌으로 천도를 하고 이 때문에 이경은 슬픔 속에서 사망을 했다)

李後主(이욱)는 璟의 6번째 아들로 역사에서는 "창작한 곡조가 빼어나지 않은 것이 없다(凡度曲莫作奇絶)"고 하였고 욕심이 없는 조용한 임금이었다. 이후주는「開元樂」詞에서 "심사가 셀 수 없이 많은 백발과 같고, 내 생애 청산과 같네. 빈 숲 속 눈 속에서 서로 기다리고, 들길에는 아무도 돌아가는 이 없네(心事數莖白髮, 生涯一片青山. 空林有雪相待, 野路無人自還.)"로 자신의 의지를 묘사했다.

馮正中의 사는 歐陽修와 晏殊에게 영향을 주었다. 남당 이주는 군왕으로 음률에 통달하여 비련한 감회와 흥망성쇠의 고통을 구비했다. 그러므로 이러한 감정이 사에서 표현되며 불후의 명작이 된 것이다. 이경은

19년간을 재위했고 말년에 국가가 쇠락하여 46세에 사망하였다. 후주 때는 국세가 더욱 비참하여졌다. 그는 42세에 사망했다. 두 사람은 비록 짧은 세상을 살았으나 그들의 작품은 천년을 내려온다. 나라가 망하여 모든 굴욕을 참고 지낸 생활 속에서 세월의 변화를 더욱 잘 표현했다.


　　　「浣溪詞」 李璟
　菡萏香鎖翠葉殘, 西風愁起綠波間. 還與韶光共顦顇, 不堪看.
　　　細雨夢回鷄塞遠, 小樓吹徹玉笙寒. 多少淚珠何限恨, 倚欄干.


연꽃 향기 사라지고 푸른 잎 시들고,
가을바람은 파란 물결사이로 슬픔을 일으키네.
더구나 좋은 시절 함께 초췌해져 차마 볼 수가 없네.
이슬비 내리는 중에 꿈에서 깨어나니 鷄塞는 멀고
작은 누각에서 밤새 피리를 부니 옥생황에 한기가 느껴지네.
계속 흐르는 눈물은 한이 없고 난간에 기대어 선다.


　　매첩 3구, 매구 7자로 당 교방곡에 수록되어 있다. 이 사패는 「南唐浣溪詞」「添字浣溪詞」「攤破浣溪詞」「山花子」라고도 한다. 하주(賀鑄)는 이 사패가 원래 7자 1구의 형식이며 「減字浣溪詞」는 잘못된 것으로 보았다. 이것은 확실히 전후가 바뀐 것이며 당연히 마지막 구에 3자가 첨가된 '攤破'의 형식이다.
　　이 작품은 가을날의 풍경을 아무런 수식도 없이 묘사했다. 전체적으로 담백하며 감정이 경치에 녹아들어 처연하고 절망적인 느낌이 있다. 王國維가 말한 "모든 꽃 들이 다 떨어지고 미인도 아름다움이 쇠락해가

는 느낌(大有衆芳零落, 美人遲暮之感)"이다. 왕국유는 앞의 구절은
나중의 구절을 위한 배치이고 또 다음 구절은 그 다음 구절을 위한
배치라고 말했다. 마지막 세 글자는 중필의 수법으로 마무리 지어 눈
속의 사물이 애처로운 감정을 갖게 했다. 그러므로 차마 쳐다보지 못하
는 초췌한 감을 표현한다.

'細雨'는 외부 세계의 초췌한 현상을 말하며 '夢廻'는 자신의 초췌한
심경을 표현한다. 근심 속에 다양한 생각은 자신도 모르는 불명확한
상태에서 나온 것이며 사람들로 하여금 되새겨보게 한다. 그러므로
누구에게도 말할 수 없어 소루에 올라 생황과 퉁소를 분다. 이 악기는
애절한 음악에 어울린다. 劉長卿은 이런 이미지를 "외로운 성이 저물어
갈 때 쓸쓸히 피리를 분다(孤城向晚寒吹角)"라고 했다. 이 작품에서
'寒'은 내심의 '寒'이다. 이 구절에서 표현한 인품과 절개는 초연하고
고상하다. 史達朝는 「玉蝴蝶」에서 "누각에는 한 가닥 피리소리, 미녀
의 눈물이 바람 앞에 날리네(一笛當樓, 謝娘和淚立風前)"라고 했다.
피리와 누각을 사용한 풍경은 모두 동일하게 애절하고 쓸쓸하다. 과거를
생각하며 밤새도록 피리를 부는 작품으로 陳與義(1090-1138: 字는 去
非)의 '夜登小閣, 憶洛中舊遊'가 있다.

「臨江仙」　　陳與義(字, 去非) 夜登小閣, 憶洛中舊遊.
　憶昔午橋橋上飮, 坐中多是豪英. 長溝流月去無聲, 杏花疏影裏, 吹
笛到天明.　　　　二十餘年如一夢, 此身雖在堪驚. 閑登小閣看新晴,
古今多少事, 漁唱起三更.

과거 午橋의 다리위에서 술을 마시던 이들은 모두 영웅호걸들.

다리 아래 긴 강물에 흐르는 달은 소리도 없고, 살구 꽃 성긴 그림자 속에 날이 밝을 때까지 피리를 부네.

20여 년 전의 일 악몽 같아  지금도 나는 놀라 깨어 한가로이 작은 누각에 오르니 날이 새로 개는 것을 보네. 고금의 여러 가지 일들 어부가 밤새도록 노래를 부르네.

진여의는 江南三宗중의 하나로 黃山谷 陳師道에 비하여 시기적으로 늦지만 두보와 황산곡의 시를 배워 재주가 뛰어나고 변화가 풍부하다. 『四庫提要』에서 그의 시를 평가하기를 "사고력이 깊고 집착한다 (思力沈摯), 그의 시는 황산곡 보다 아래이고 진사도 보다는 위이다"라고 했다. 진여의는 남송 때에 이미 37세로 광서성(湘)에서 3년간 소일하면서 수많은 가작을 썼다.

이경은 「浣溪詞」를 37세에서 49세 사이에 지었다. 젊었을 때 변경에서의 생활을 추억하며 현재와 과거를 대비하고 간접적으로 표현했다. 사실묘사를 통하여 국가와 가정의 흥망성쇠를 느낄 수 있다.

杜牧은 「登樂遊原」에서 "넓은 하늘 조용한데 새는 날아가네, 만고의 흥망성쇠가 여기에 있다(長空澹澹飛鳥過, 萬古鎭沈向此中.)"라고 했다. 이 두 가지는 서로 다른 사물을 사용하여 기이한 아름다운 감정을 묘사하고 있다. 이런 감정은 위의 '긴 강에 흐르는 달은 아무 소리도 없네(長溝流月去無聲)'와 동일하다.

『白雨齋詞話』는 "뜻이 초탈하며 소동파와 같은 부류이다(筆意超曠, 頗類大蘇)"라고 했다.

'杏花疏影裏, 吹笛到天明'(「臨江仙」『無住詞』: 진여의의 사집)은 영웅호걸의 좌중에서 호탕한 행동을 표현한 것이다.

'多少淚珠何限恨'은 마음속의 드러내지 않은 감정이고 '欷欷淚珠多少恨'은 감정을 노출한 것이다. 그러므로 이러한 종류의 한은 아무도 모르고 내심으로 기탁하는 바도 없어 난간에 기탁하는 것이다.

이것의 장점은 자연스럽다는 점이다. 풍연사의 '風乍起, 吹縐傔一池春水' 보다도 뛰어나다. 또 초연하고 빼어난(超曠高逸) 점에서는 中主의 '小樓吹徹玉笙寒' 보다 우수하다.

「攤破浣溪詞」는 새로 글자를 첨가하여 미완의 의미가 있고 감정적으로는 유동적인 느낌을 준다. 그러나 글자가 많아져서 창작이 쉽지 않게 되었다. 온건함만을 추구하는 것도 쉽지 않다. 그러나 中主의 이 작품은 온건할 뿐만 아니라 변화가 다양하며 후세에도 이러한 형식을 사용한 사람이 많지 않고 대부분 「減字浣溪詞」를 쓴다.

「攤破浣溪詞」    이경
手卷眞珠上玉鉤, 依前春恨鎖鎖重樓. 風里落花誰是主, 思悠悠.
　　青鳥不傳雲外信, 丁香空結雨中愁. 回首綠波三楚暮, 接天流.

손으로 진주 수렴을 걷어 옥으로 된 고리에 걸고, 과거 봄날의 상처 때문에 중문을 잠그네. 바람에 떨어지는 낙화는 누가 주인인가? 생각만 덧 없구나.

청조는 구름 밖 소식을 전하지 않고 정향은 빈 열매만 맺고 빗속에 근심만하네. 고개 돌려 바라보니 장강의 물 푸르고 초나라 삼협 지방은 노을이 하늘까지 닿았네.

『만수시화(漫叟詩話)』에 "진주를 바꾸어 주렴이라고 했다.(改眞珠

爲珠簾)"고 했다. 이 말은 잘못된 것 같다. 주렴을 사용하면 단지 珠만을 표현한 것이며 진주를 표현할 수는 없다.

첫 구절은 부유한 생활을 묘사하고 두 번째 구절은 혼자 사는 생활을 묘사한다. '重樓'는 봄의 한에 갇히어 어찌할 수 없는 작가의 심리상태를 말한다.

莊子는 "以大地爲籠, 則雀無所逃"라고 했다. 사에서 '重樓' 역시 이러한 의미이다.

인간세상은 부평초와 같고 부귀와 영화는 쉽게 지나간다는 것이 '風裏' 구절의 표현이다. 누가 나로 하여금 이렇게 만들었는가 생각하면 할수록 더욱 멀어지고 깊어만 가 나중에는 무한한 끝이 없는 생각으로 변한다. 감정은 이지적으로 변하고 문학은 철학적으로 변한다. 다시 감정의 영역으로 되돌아와 신선은 허망하고 불로장생도 얻을 수 없다. '靑鳥西飛尙未回, 漢皇長在帝王臺.'(李義山의 詩) 여기서 靑鳥는 신선을 대신하여 불로장생한다. 이 구절은 환멸의 감이 있다.

마지막 두 구를 이용하여 근심을 묘사했다. '欲問愁多少, 高於灩澦堆.' 이것은 산과 강으로 근심을 비유한 것이다. 본 작품도 강으로 근심을 비유했다. 이는 劉禹錫의 사에 비하여 다소 떨어진다. 전반은 공령(空靈) 질탕(跌蕩)하나 후반이 다소 떨어진다.

두 작품을 합하여 보면 작가는 무한한 感傷을 詞에 발휘하여 時空을 이어가며 젊음을 애석해하고 있다.

**6** 당 오대의 사단(詞壇)과 아욱(李煜)

이욱은 詞의 천재며 사단의 혜성이라고 말할 수 있다. 사를 위하여 새로운 세계를 열고 시대의 범위를 초월하여 찬란한 빛을 발하였으나 제자가 없는 것이 애석하다. 이후주(아욱)는 이백의 시단에서의 위치와 동일하다. 사람들은 타인의 기교와 수양은 배울 수 있으나 천재성은 배울 수 없다.

시대와 개성 경험 등으로 천재의 감정표현을 살펴보면 당시에 小令은 이미 성숙했다고 할 수 있다. 전쟁이 일어나 북방이 도탄에 빠져 강남은 이전만 못하고 남당은 송에 합병되었지만 왕실은 부유하여 이후주는 여전히 물질적으로 풍족한 생활을 누릴 수 있었다.

歐陽修의 『新五代史』에서 이욱을 평하기를 "사람됨이 인자하고 효성스러우며 서화에 능했다(爲人仁孝, 工書畵)"라고 했다.

陸游의 『南唐書』는 "純孝" '爲民爲急'이라고 했다.

馬令의 『南唐書』는 "工書畵" '知音律'이라고 했다.

이상에서 보듯이 그는 천성이 문학에 근접하고 음악을 잘 이해하여 사를 창작하는 기초가 되었다. 또 불교를 믿어 자비로 처세를 했다. 『大智度論』에서 말하기를 "大慈與一切衆生樂, 大悲拔一切衆生苦"라고 했다. 이욱은 자비의 마음을 필묵으로 변화하여 감정과 풍경이 사람을 움직이고 자비심을 널리 전파했다.

이후주의 부친(이경)도 음악에 정통하여 사를 잘 지었고 부인인 大周后도 음률을 알았다. 그러므로 후주는 사의 감정과 음악을 서로 배합할 수 있었다.

이후주의 생활은 나라가 망하기 전과 나라가 망한 후의 두 부분으로 나누어진다. 전자는 15년간으로 이후주가 성률을 계승할 수 있었다. 이 시기는 비록 송에 조공을 하여 국가는 이전과 같이 부유하지는 못하였지만 정치는 양호했다. 그러므로 이후주는 음악에 힘을 기울일 여력이 있었다. 나라가 망한 후 汴京(개봉)에 포로가 되어 생활이 변화했다. 그가 金陵宮人에게 "여기서는 밤낮으로 눈물로 세수를 한다'고 편지를 썼다. 그러므로 사에서 표현하는 감정도 평범한 것이 아니었다.

전반기의 작품은 '풍류가 넘치고(風流蘊籍) 화려하며 기백이 웅장(富麗堂皇)'하고 나라가 망한 이후는 '피눈물이 교차하고(血淚交進) 만감이 복잡하다(萬感紛來)'. 그의 감정은 외부의 압력이 ㅈ세어져 병이 오래 되어 몸을 망치는 듯하다. 사는 원래 이민족의 골목에서 유행하는 곡조였다. 그러므로 사랑의 감정을 속삭이는(偎紅倚翠) 언어를 묘사하는데 적합하다. 이후주에 이르러 사는 새로운 생명을 얻었다. 王國維가 말하기를 "사는 이후주에 이르러 세계가 넓어지기 시작하고 감개가 깊어졌다.(詞至李後主眼界始大, 感慨遂深)"라고 했다. 천재들의 감정 세계는 왕왕 담백하며 깊이가 없다. 그러나 이후주는 천재임에도 불구하고 이러한 감정의 깊이를 모두 갖추었다. 『人間詞話』에서도 "사인들은 동정심을 잃지 않는 사람들이다.(詞人者不失其赤子之心者也)"라고 했다. 만약 사람의 성격이 맑은 거울과 같다면 감정의 차갑고 뜨거움도 쉽게 표출된다. 이후주와 소주후(小周后)와의 은밀한 감정은 널리 선전할 만한 것은 아니지만 여전히 사에서 묘사되고 있다. 또 나라가 망한 후에 자신이 포로의 몸이 되어서도 여전히 고국에 대한 생각과 고통스러운 생활을 숨김없이 묘사하여 결국 송 태종에게 독살을 당하고 만다. 그러므로 이후주의 감정표현은 폭로형에 속한다. 그의 감정 세계가 바다와 같이 깊기 때문에 다 쏟아 내어도 마르지 않기 때문이다. 사를 지을 때도 백묘(白描)를 즐기며 경치에 대한 묘사가 매우 적다. 이는 정이 깊어 경치에 대한 묘사가 많지 않은 것 같다. 당시 小令이 성행하여 창작하는 방법으로 比興이 가장 적합했다. 『詞學通論』에서 말하기를 "중주는 애처롭지만 감정의 상처가 없고 후주는 애처로우며 감정의 상처가 있다."라고 했다. 후주는 소령에 비흥을 사용하지 않았다. 후세에 이것을 배운 사람이 없다. 『文心雕龍』에서는 "만약 비흥만을 사용하면 단점은 뜻이 너무 깊어지고 뜻이 심오하여지면 단어가 질박하게 된다. 만약 직접적인 묘사를 위주로 하면 단점은 의미가 가벼워지고 의미가 가벼워지면 글이 산만하게 된다.(若專用比興 患在意深, 意深則詞躓, 若專用賦體, 患在意浮, 意浮則文散)"라고 했다. 이후주는 賦體를 전용하였으나 의미가 가볍지 않고 글이 산만하거나 질박하지도 않았다. 그는 문장력이 있어 백묘를 사용하여도 속되지 않았고 일상적인 글자를 비범하게 사용했다. 소위 그 문자를 적절하게 형용하여 본질을 잘 표현했다.

　　　　「虞美人」　　　李煜
　春花秋月何時了, 往事知多少. 小樓昨夜又東風, 故國不堪回首月明中.　　　　雕欄玉砌應猶在, 只是朱顏改. 問君能有幾多愁, 恰似一江春水向東流.

봄꽃 가을 달 언제 끝나려나? 지난 일은 얼마나 되나? 작은 누각에 어제도 봄바람 불었지, 차마 고국을 밝은 달빛 아래서 돌아볼 수 없네.

아름다운 난간과 옥섬돌 여전한데 아름다운 얼굴만 바뀌었네. 그대에게 얼마나 근심이 많은가 묻는다. (근심은) 마치 봄날 녹은 강물이 동쪽으로 흐르는 것 같다.

俞平伯은『讀詞偶得』에서 "첫 구절은 기이한 언어들이 하늘에서 내려온 것처럼 사람들이 낭송한지 이미 오래되었다. 사람들은 이것을 항언(恒言)으로 알고 있다"라고 했다. 청대 시에 "英雄見慣亦常人"이라고 했다. 바로 이것을 말하는 것이다. '春花秋月', '何時了' 등은 모든 사람들이 다 알고 있는 것이다. 그러나 이러한 것들을 합성하여 하나의 기묘한 감탄과 의문의 구절로 만들었다. 이를 읽으면 매우 침중하고 격렬하며 애달다. 굴원의 「天問」의 형세이다. 모종의 감정이 불쑥 올라와 이성적으로 생각할 수 없어 하늘에게 타인에게 자신에게 질문한다. 그러나 아무리 질문하여도 알 수가 없는 것이다. 자행 간에는 우주가 정지한 후에 천지와 함께 멸망하기를 원하는 것이다. '何時了'라는 세 자가 이것을 증명한다.

첫 구절은 모든 이들의 감정이고 두 번째는 자신의 감정이 더욱 격렬하게 됨을 묘사했다. 佛家의 장식(藏識 : 모든 선과 악의 씨가 되는 것)의 방법은 8가지인데 그 마지막이 자신의 마음에 감추는 것이다. 이후주의 감정이 바로 이와 같다. 그러나 일단 한 번 건드리기만하면 폭발하여 '恨, 사랑, 복수' 등이 가슴에서 용솟음친다. 과거는 비록 좋았으나 이제는 이미 다시 돌이킬 수 없는 것이다. 후주는 太祖 開寶 9년에 汴京에 들어왔고 그해에 송나라 高宗이 즉위했다. 국호를 태평흥국(太平興國)이라 했으나 태평흥국 3년 7월에 독살을 당했다. 만 3년만의 일이다.

'故國不堪回首月明中'이라 한 것은 이후주가 사망하기 전에 지은 것이다. 그러므로 고국이라고 했다. 이제 그의 대표작 「玉樓春」을 보자.

晚妝初了明肌雪, 春展嬪娥魚貫列. 鳳簫吹斷水雲閒, 重樓霓裳歌遍徹　　　臨風誰更飄香屑, 醉拍闌干情味切. 歸來休放燭花紅, 待踏馬啼淸夜月.

저녁 화장 막 마치니 밝은 피부 눈과 같고 봄 궁전 궁녀들 물고기 같이 늘어섰네. 봉황퉁소 소리 그치니 물과 구름도 한가하고 다시 「예상우의곡」 연주하여 노래가 끝나네.

바람을 맞이하며 누가 향기를 풍겨오나 취하여 난간에서 박자를 맞추니 흥이 나네. 돌아갈 때 붉은 촛불 비추지 말라 맑은 밤 말굽으로 달빛 밟게 하리라.

봄날은 여전히 변화가 없지만 현재의 사람과 사물은 과거와 완연히 다르다. 이후주의 비극을 이 구절에서 엿볼 수 있다.

'小樓' 두 글자는 암암리에 허구의 '春'자를 받고 있다.

'又東風' 세 글자는 현재 개봉에서 포로로 사는 삼년의 생활이 고통스러운 것을 보여준다. 그러므로 봄이 되는 것을 원하지 않지만 계절의 변화는 변함이 없는 것이다. 이후주의 전기 작품이 훌륭하지만 나라가 망한 뒤의 작품과 비교하면 많이 떨어진다고 생각한다.

「淸平樂」　李煜
別來春半, 觸目柔腸斷. 砌下落梅如雪亂, 拂了一身還滿.　　雁來

音信無憑, 路遙歸夢難成. 離恨恰如春草, 更行更遠還生.

   이별의 한은 마치 무르익은 봄철과 같네, 눈에 들어오는 모든 것들이 애간장을 끊는다. 돌계단 위에 떨어진 매화는 눈처럼 흩날리며 온 몸을 스치고 지나가네.

   기러기는 날아오는데 소식은 없네, 고국의 길은 그윽하여 꿈속에서조차 돌아가기 어려워. 이별의 한은 봄철의 잡초처럼 도처에 피어난다. 고국으로 가는 길이 요원해도 두렵지 않네.

   '春半'은 달이 가장 원형일 때이다. 달은 차면 기울그 태양은 정오가 되었다가 떨어진다. 완적(步兵) 詩에 '繁華有憔悴, 堂上生荊杞'와 이후주의 '雕闌玉砌'는 같은 의미이다. 그러므로 꽃은 만개하였을 때 감상하여야 한다. 안타까운 것은 만개하였을 때를 그대가 알지 못하는 것이다. 첫 구절은 봄철이 깊어감에 따라 더욱 고국을 그리워하고 있다. 돌계단 위에 매화가 눈과 같이 쌓여있어 가장 아름다울 때 이미 쇠락한 경치가 시작된다. 떨어지는 매화 꽃 속에서 우두커니 오래 서있다. 자신의 심사가 매화와 같다. 모든 화려한 것은 쇠락의 길을 걷고 있어 내심의 근심 걱정은 매화와 같이 한 번 떨어져 수북하게 쌓인다.

   삼사 구절은 강열한 암시가 있다. 이후주는 거의 직관적으로 이 구절을 썼을 것이다. 그러므로 독자는 한 번 더 심사숙고하여야 한다. 후주는 변경에서 남방의 기러기가 북쪽으로 오는 것을 보았다. 고향은 아무런 소식도 없고 꿈속에서 고향에 돌아갈 수나 있을지 의문이다. 길은 멀고 험하여 무한한 감정을 감추고 있다. 그러나 항상 과거를 생각한다. 그러므로 다음 구절에 이별의 한은 봄날의 풀과 같고 돌아가는 길이 아무리

멀어도 두렵지 않다고 굳은 의지를 표현한다.

이별의 근심은 지는 매화와 같다. 손을 한 번 휘저으면 매화꽃이 옷에 가득하다; 이별의 한은 봄날의 풀과 같다. 멀어질수록 더욱 생각난다. 모든 것이 눈에 보이는 것을 들어 비유로 삼았다. 외부의 사물로 내심을 비유한 것이다. 그의 묘사 속에서 사물과 내심이 하나로 융합되어 있다.

이 작품은 마지막에 '春草' 6자로 마무리했다. 이곳을 읽으면 3번 쉬게 된다. 이는 소위 '一波三折'로 詞의 마무리가 매우 훌륭한 음절방법을 사용한 것을 알 수 있다.

「烏夜啼」　李煜

林花謝了春紅, 太匆匆, 無奈朝來寒雨晚來風.　　胭脂淚, 相留醉, 幾時重. 自是人生長恨水長東.

「烏夜啼」는 일명 「相見歡」이라고도 한다.

아름다운 꽃들이 다 떨어지고 봄날이 흘러감 너무 빠르네, 아침저녁으로 싸늘한 비바람 부니 어쩔 수 없네.

붉은 눈물 흘리고, 서로 취중에 남기려하나 언제 다시 올 것인가?

자고로 인생의 긴 한은 강물이 동쪽으로 흘러가는 것과 같네.

杜甫는 「曲江對雨」詩에서 '꽃들이 비를 맞아 붉어 졌네(林花著雨胭脂濕)'[13]라고 하여 아름다운 구절로 슬픈 시를 써서 무한하게 감정

---

13) 城上春雲覆苑牆, 江亭晚色靜年芳. 林花著雨燕支濕, 水荇牽風翠帶長. 龍武新軍深駐輦, 芙蓉別殿謾焚香. 何時詔此金錢會, 暫醉佳人錦瑟旁.

이 흐르는 것 같은 효과를 달성했다. 위의 작품은 이것을 확대 표현하면서 그 실상을 묘사한 것이 아니라 소위 '꽃 하나에 그 나름의 세계가 있고 나뭇잎 하나에도 내력이 있다.(一花一世界, 一葉一如來)'를 말하고 있다. 생명체에서 무생물을, 꽃에서 물을, 꽃에서 사람을 보고, 작은 것에서 큰 것을 보며 자신의 감정을 꽃과 물 속에 투입하여 감정의 색채를 표현하여 낸다.

이 작품은 꽃과 같은 작은 사물에 자신의 감정을 반영하여 영원한 생명을 노래한다. 본 작품의 첫 구절과 「虞美人」(春花秋月何時了)은 모두 '了'자를 사용했다. 전자는 자신의 생명의 애처로움을 묘사하여 우주의 생명이 빠르게 마치기를 희망한다. 후자는 꽃의 찬란함과 일시적인 것을 언급하며 깊이 있는 연민의 정을 나타낸다. 꽃이 영원하기를 희망한다. 작가는 꽃에 대한 비애 애련 사랑의 마음과 그러한 감정이 복합된 복잡한 감정을 나타낸다.

'太匆匆' 세 글자는 아래 위를 연결한다. 총총 두 자는 꽃이 시드는 것을 표현한다. '太'자는 혼백이 놀랄 정도이며 '一字千金'이다. 곧 시들 꽃이지만 비바람을 만나 더욱 손쉽게 시들게 된다. 작가는 이로써 내심이 더욱 빠르게 애상함을 표현한다.

과편 이후도 여전히 상편을 이어서 꽃이 지고 찬란한 생명이 쉽게 없어짐을 묘사한다. 꽃이 지는 것이 마치 사람이 눈물을 흘리는 것과 같다.(杜詩 「春望」: 感時花濺淚)[14] 인간세상의 화려함이 잠시인 것이 꽃과 같고 꽃이 지는 것이 사람이 눈물을 흘리는 것과 같다. 작가와 꽃이 하나로 되어 꽃과 사람의 한계를 극복했다.

---

14) 國破山河在, 城春草木深. 感時花濺淚, 恨別鳥驚心.
　　烽火連三月, 家書抵萬金. 白頭搔更短, 渾欲不勝簪.

　　꽃과 연지는 동일한 것이다. 꽃이 지면 다시 나무에 피어나지 않는다. 그러므로 '幾時重'이라고 했다. 붉은색의 연지와 눈물은 사람을 취하여 떠날 수 없도록 한다. 작품에서 이 세 글자는 영원히 다시 만나지 못함을 의미하며 더욱 비통하고 애절하다. 그러므로 의문구로써 애통함이 더욱 절실한 것이다.

　　어찌할 수 없지만 인생의 긴 한은 영원하고 마치 강물이 동쪽으로 흘러가는 것처럼 끊임이 없다. 근심과 한이 물과 대비되어 도도히 망망한 대해로 흘러간다. 이는 자신의 신세와 마찬가지이다. 이 사에서 가장 처연한 것은 黃昇의 『花菴詞選』에서 이 작품을 평한 것처럼 '亡國之音'으로 작가의 심정을 말하고 있다는 점이다.

　　작품의 기세는 한 구절 한 구절 강하여지고 마치 홍수와 태풍이 부는 것 같고 장강이 천리를 흘러 바다로 직통하는 것 같다.

　　譚獻이 이 작품을 평하기를 상반 결은 "먹을 듬뿍 찍은 큰 붓이다(濡染大筆)"라고 했다. 李義山의 「韓碑」시에서도 "濡染大筆何淋漓"라고 했다. 그러나 이 작품이 결코 이러한 것은 아니라고 생각한다.


　　　「虞美人」 李煜
　　風回小院庭蕪綠, 柳眼春相續. 憑闌半日獨無言, 依舊竹聲新月似當年.　　　笙歌未散尊前在, 池面氷初解. 燭明香暗畫樓深, 滿鬢淸霜殘雪思難任.


　　봄바람이 다시 부니 작은 정원은 녹음이 졌네, 버들가지 새싹에 봄이 이어지네. 난간에 기대어 반나절이나 말이 없고 대나무 소리와 신월은 여전히 그때와 같네.

생황노래는 흩어지지 않고 존전에 있고 연못의 얼음 처음 녹았네. 깊은 누각에 밝은 촛불 은은한 향기 퍼진다. 검은 머리 온통 잔설이 내려 생각도 마음대로 하기 힘드네.

봄날의 경치를 묘사한다. 정원에는 이미 녹색이 사라져 가고 바람이 분다. '柳眼' 두자로 봄이 깊었음을 묘사한다. 이곳에 봄날의 햇살이 비치는 중에 홀로 난간에 기대어 하루 종일 아무 말 없이 지낸다. 경치를 즐기다 생각에 깊이 빠진다. 생각하는 것은 당시의 노래하던 환경이다. 현실 풍경에서 당시의 풍경을 회상하는 것이다. 과편 후반은 당시 笙歌가 떠오른다. 연못의 얼음이 처음 녹을 때가 바로 모든 사람들이 좋아하던 시기이다.

'燭明香暗' 구절은 도치구로 하반결의 가장 앞부분에 와야 한다. 외부는 생황의 노랫소리 신월 연못의 얼음 등이고 집안에는 밝은 촛불과 그윽한 향기 그리고 생황노래와 맛있는 술이 있다. 마지막 구절의 '雙鬢皆白'은 과거를 이미 어찌할 수 없음을 추억하는 것이다.

이후주는 경치를 묘사하는 것을 좋아하지 않는다. 이 작품이 하나의 증거이다. '綠草' '柳眼'은 청색으로 이 네 자는 이미 경치가 아름다움을 명확히 말하고 있다. 義山의 「二月二日」시에 "花鬚柳眼各無賴, 紫蝶黃峰俱有情[15]"이라고 했다. 두 작품의 '意' '情' '象'이 모두 이 사와 같다. 봄날을 감상하는 것은 버들이나 화초를 제외하고 모든 생물이 봄바람에 어울리는 것이다. 이후주는 몸은 비록 봄바람 속에 있지만

---

15) 二月二日江山行, 東風日暖聞吹笙. 花須柳眼各無賴, 紫蝶黃蜂俱有情. 萬裏憶歸元亮井, 三年從事亞夫營. 新灘莫悟遊人意, 更作風簷夜雨聲.

마음은 이미 머나먼 과거로 가 있다.

당시에 이욱은 궁궐에 거주하였지만 지금은 포로가 되어 작은 정원에 산다. 과거의 모든 즐거움이 하나하나 눈앞을 스치고 지나간다.

'竹聲新月'은 본래 절주와 무관하다. 그러나 이 작품에서는 과거와 현재를 연관짓고 현재의 '竹聲新月'에서 과거의 '竹聲新月'을 연상한다. 시간을 연결하는 촉매작용을 하는 것 같다. 마지막 구절은 억지로 한 말이다. 아무런 맛이 없다. 그러나 내심의 어찌할 수 없는 심정을 더욱 잘 보여준다. 작가의 마음이 매우 무거움을 알 수 있다.

이 사의 구조는 일반 작품과는 달리 매우 특별하다. 張炎의 「詞源」에서 "가장 중요한 것은 과편으로 전체적 의미를 끊지 말아야한다(最是過片, 不要斷了曲意)"라고 했다. 그러나 이 작품은 과편이 상편의 뜻을 계속 연결하지 못하고 있다. 봄날에 대한 감상이 이미 단절되었다. '憑欄'구는 상편이나 하편 어디에도 놓을 수 있다. 이미 서로 연결되어 있다. 그러므로 과편은 일반적인 용법이 아니다.

『涵芬樓文讀』에서 吳曾祺가 다음과 같이 말했다:

"法之所在守其常, 不可不知其變, 明其一不可不知其通. 昔人論作文如行雲流水, 雲水之爲物 至無空也. 則又何法之可言? 推於無法之中, 未嘗不有法在. 用法之處, 及而不見法存. 神而明之, 存乎其人."

소위 '常法'이란 것은 문장의 근엄함을 말한다. '變法'이란 것은 종횡무진하게 변화하는 것을 말한다. 문장이 완성되고 법이 서는 것을 상품이라 한다. 그러므로 이후주의 이 작품은 상품이다.

「浪淘沙」    李煜

簾外雨潺潺, 春意闌珊. 羅衾不耐五更寒. 夢里不知身是客, 一晌貪歡.    獨自莫憑欄, 無限江山, 別時容易見時難. 流水落花春去也, 天上人間.


수렴밖에 조용히 비가 내리고 봄기운이 사라져가네. 비단 이불로도 한밤의 추위를 견딜 수 없네. 꿈속에서 자신이 손님인줄 모르고 잠시 즐거움을 탐하네.

홀로 난간에 기대지 말라, 무한한 고향 강산 이별은 쉬워도 다시 보기 어려워. 흐르는 물에 떠내려가는 낙화처럼 봄은 떠나네, 천상의 인간세상으로.


이 작품 역시 나라가 망한 이후에 지은 작품이다.

"파동의 삼협 무협은 길고, 원숭이 슬피 우는 소리에 눈물이 옷을 적신다(巴東三峽巫峽長, 猿啼三聲淚霑裳)"(『水經注』) 후주의 작품 속에서 '猿啼'의 의미 역시 이와 같다. 후주는 감정이 풍부하다. 그러므로 경치의 묘사가 적고 감정이 많은 것이다. 작품의 전반은 역기법으로 묘사했다. 꿈속에서 자신이 포로가 된 것을 망각하고 있다. 그러므로 잠시라도 꿈속에서 환락을 즐길 수 있는 것이다.

'貪'자는 후주가 잠이 깬 후를 말한다. 이때는 이미 오경으로 봄날이 싸늘하고 비단 이불도 따뜻하지 않아 이미 처량한 감이 있다. 게다가 수렴밖에 들리는 빗소리가 더욱 후주를 맑게 깨운다.

봄이 이미 끝자락이라 꿈에서 깬 후 더욱 처량함을 나타낸다. 이는 마치 청나라 史淸溪의 「무제」 시에서 "다정함은 ㅈ-고로 헛된 한을 낳고, 길몽은 원래 쉽게 갠다(多情自古空餘恨, 好夢由來最易醒)"는 의미이다. 자신의 신분의 변화를 이 두 구절로 다 말할 수는 없다. 꿈속에서의 고향은 깨어난 후에는 무수한 강산에 가로 막히어 있다. 이 대비가 매우 선명하다.

'獨自' 구절은 사람이 여전히 침대위에 있고 스스로 누각에 올라 멀리 바라보지 말 것을 경고한다. 즉 현실로 돌아와 마음이 비통한 것이다.

마지막 구절은 첫 두 구절과 호응한다. 비가 오자 꽃이 지고 봄날이 무르익어 간다. 얼음이 녹아 강물이 흐르고 꽃은 진다. 이러한 모든 것을 합하여 하나의 사건을 묘사한다. 봄이 끝난 것이다. 봄은 어디로 갔는가 하늘로 갔나. 혹은 인간세상으로 간 것인가? 이것을 어디에 물을 것인가?

'別時' 구와 연관하여 꿈속에서의 일시적 환락이나 깨어난 후의 처량함은 모두 존재하지 않는다. 빗속에 봄은 떠나간다. 과거 현재의 시공이 모두 이미 소실되었다. 결국 무수한 강산을 이후에 다시 볼 수 없을까 두렵다.

혹자는 「長恨歌」의 '하늘나라 인간세상에서 만날 수 있지(天上人間會相見)'의 구절을 인용하여 본사의 마지막 구절을 해석한다. 언젠가는 만날 날이 있음을 강하게 표현한다.

이상 세 가지 해석은 후주의 진심이 아닌지도 모른다. 어떻게 사구중의 처량한 감정을 정말로 체험할 수 있는가 하는 것이 중요한 것이다.

청나라 譚獻은 『復堂詞話』에서 "이 작품은 웅장하고 기이한 가운데 숨겨진 억울함이 있다. 두 가지 어려운 점을 다 달성했다. 나중에 가헌에게 영향을 주었다.(此詞雄奇幽怨, 乃兼二難. 後起稼軒矣)"라고 했다.

曾滌生은 "(남성다운) 기세가 크고 (여성다운) 여운이 아름답다.(陽剛)氣勢浩澣" "(陰柔)韻味深美"라고 했다. 이 작품은 두 가지 아름다움을 다 갖추었다.

劉子庚은 『詞史』에서 다음과 같이 말했다.

"존귀할 때 존귀한 말을 쓰고 괴로울 때 괴로운 말을 한다. 어느 한자도 진실이 아닌 것이 없고 빼어나지 않은 것이 없다.(富貴時作富貴語, 愁苦時作愁苦語, 無一字不眞, 無一字不俊.)"

진실하면서 뛰어난 것은 사실 쉽지 않다. 이것은 좋은 비평이라고 생각한다.

**IV.**

# 송사(宋詞)

　남당이 멸망하고 송이 천하를 통일한지 이미 16년이나 되었다. 후주의 사는 모두 송나라 때 지은 것이다. 그가 사망한 후 일 년 만에 중국은 다시 통일되었다.

　五代詞는 북방에서는 별로 성행하지 않았다. 단지 서촉(西蜀) 남당(南唐)에서 성행했다. 온정균 이전의 사는 동네 골목에서 불리던 노래였다. 온정균 때에 이르러 사를 '시객곡자사(詩客曲子詞)'로 개칭하고 격조를 확대했다. 문인들이 개입하기 이전에 가사와 소리는 일치하지 않았다. 그는 비천하고 속된 글자들을 고아하고 정묘하게 만들어 사를 시 이외의 또 다른 일종의 문체로 만들었다. 그리고 음악성을 풍부하게 만들었다. 이제 사는 깊이 있고 세밀한 감정을 가장 잘 표현하는 문체가 되었다. 이런 면은 시보다도 우수한 것이었다. 오대에 사가 흥성한 것은 모두 동네의 골목에서 유행하던 곡조에서 탈피하여 문인들이 창작에 개입하면서 격조가 높아지고 음악과 배합하면서 오락과 흥취를 더했다. 송대에 들어와 樂府가 성립되고 이런 신흥의 문체를 혹자는 '樂府新詞'

라고 했다.

남당과 서촉은 매우 부유하고 인구가 많았다. 사가 유행하여『花間集』이 서촉에서 간행되었다. 남당사의 수량은 서촉만 못하다. 그러나 작가로 말하자면 풍연사 이후주 등이 있어 서촉 보다 더 많다.

위장 풍연사 등은 사의 조상들이며 후대에 대한 영향이 매우 크다. 특히 북송에 대한 영향이 크다. 송대 초기 오륙십 연간은 晏殊 歐陽修등이 그들의 영향을 받았다. 사화(詞話)에서도 안수는 풍연사를 좋아한다고 했다.『藝槪』에서도 역시 "안수는 풍연사의 준(俊)함을 구양수는 그 심(深)함을 얻었다"라고 했다. 안수의 아들 晏幾道는 사의 창작에 전력을 다했다. 그러므로 사는 북송에 이르러 최고에 달했다고 말할 수 있다.

일반적으로 당시에 유행하는 사는 상류계층의 문사들을 만족시킬 수 없었다. 그러므로 새로운 창작을 통하여 더욱 완전한 흥미 있는 서술을 필요로 했다. 예술수법은 이미 완벽한 미를 추구했다. 山谷은 안기도의 서문에서 말하기를 "시인의 구법에 의탁하고 격조와 성음이 사람의 마음을 동요시킬 수 있었다. 풍격을 높이고 구법의 변화에 주의한다(寓以詩人句法, 淸壯頓挫, 能動搖人心, 提高風格, 注意句法)."고 했다. 小令은 이 시기에 이르러 더욱 원숙함을 추구했다. 북송 소령은 가작이 많았으며 성정(聲情)이 교묘했다.

북송 초기의 사풍은 남당을 계승하였고 서촉의 영향은 비교적 적었다. 안수 부자는 江西人(남당의 고토)으로 몸은 비록 송나라에 살지만 남당의 여운이 있었으며 이러한 유파를 계승한 것이다. 하지만 이후 그들의 사를 계승하는 사람이 없었다. 그러므로 풍연사의 영향이 줄어들었다. 그의 자손들도 부친을 계승하지 못했다. 당시 南越의 접경지대인

吳越(浙江)의 왕 전류(錢鏐)는 비록 전쟁 시기였으나 시를 짓는 것을 좋아하여 유명한 시구를 지었다. 하나는"논 두덩에 꽃이 피니 천천히 돌아가네.(陌上花開, 可緩緩歸矣)"이다. 이 의미는 항우의 해하가(垓下歌)[16]와 같고 감정이 매우 심후하다. 후에 소동파가 이 내용으로 「陌上花」시를[17] 지었다. 전류(錢鏐)의 두 번째 명구는 寒食帖 중에 있다.

"天氣殊未佳, 汝定成行否? 寒食只數日間, 得且住爲佳耳."

날씨가 별로 좋지 않다 그대는 떠나기로 결정했는가?
한식은 단지 며칠간뿐 차라리 며칠 더 머무는 것이 좋지 않은가!

당시는 전쟁이 끊이지 않았다. 계속되는 전쟁으로 사회는 불안정했지만 문인들에게는 다양한 소재를 제공하여 창작을 하기에는 오히려 좋은 환경을 제공했다. 전류(錢鏐)의 손자 錢惟寅은 西崑의 대가로 사를 비교적 잘 지었다. 그는 남당의 여풍을 계승하여 북송 초기의 詞人이 되었다.

---

16) 力拔山兮氣蓋世. 힘은 산을 뽑을 만 하고, 기운은 세상을 덮을 만 한데,
   時不利兮騅不逝. 때가 이롭지 못하여, 오추마는 나아가지 아니하고,
   騅不逝兮可奈何! 오추마가 나아가지 않으니, 어찌 할 것인가?
   虞兮虞兮奈若何! 우희야, 우희야, 어쩌란 말이냐!
17) 陌上花開蝴蝶飛, 江山猶是昔人非.
   遺民幾度垂垂老, 游女長歌緩 緩歸.

## ①  전유인(錢惟寅)

전유인(錢惟寅 : 926-1034) 자는 希聖, 錢塘 사람이다. 무관으로 시작하여 문관으로 전직하였고 翰林學士 工部尙書 樞密使 등의 관직을 거쳤다.  문사가 맑고 깨끗하며 서곤체의 대표적 인물 중 한명이다. 존재하는 작품으로는 「木蘭花」 2수가 있다. 이 작품은 모두 말년 작으로 처연한 감이 있다.

　　 「玉樓春」　 錢惟寅
城上風光鶯語亂. 城下煙波春拍岸. 綠楊芳草幾時休, 淚眼愁腸先已斷.　　　　情懷漸變成衰晩. 鸞鑒朱顔驚暗換. 昔年多病厭芳尊, 今日芳尊惟恐淺.

성위에서 바라보니 봄 경치 아름답고 앵무새 어지럽게 지저귄다. 성 아래 안개 물결 자욱하고 봄 물결 성벽에 부딪힌다. 푸른 버들과 방초는 언제 사라지나? 흐르는 눈물에 애간장이 먼저 끊어지네.

감정도 점점 갈수록 변하여 생기가 없고 거울속의 아름다운 얼굴도 어느덧 늙었네. 옛날에 병이 많아 술을 멀리했지만 지금은 오히려 술잔이 빌까 걱정이다.

「玉樓春」은 「木蘭花」라고도 한다.

## 2 구준(寇準)

　　寇準(961-1023) 자는 자는 平仲 華州 사람이다. 성품이 강직하여 황제에게 중용되었다. 真宗이 즉위한 후 工部 刑部 兵部에서 임직하며 三司使를 역임했다. 景德 元年(1004年) 재상(同平章事)이 되었다. 그해 거란이 남하하여 瀛洲 등 河北 지역을 포위하자 寇準은 真宗에게 직접 전투에 참가할 것을 요구한다. 문집으로는 『寇萊公集』이 있다.

　　『宋史』에서는 그를 "好剛使氣", "忘身殉國", "秉道疾邪"라고 평한다. 그는 큰일을 앞두고 명석하였으며 진종 때에 요나라와 전투에서 진종의 친정을 적극 주장하였으나 전투에서 대패했다. 결국 송나라는 국운이 풍전등화에 이르렀다. 구준은 40년간 재상을 역임하며 전답과 집조차 없었다. 시인 魏野의 「贈詩」에 그를 평하여 "有官居鼎鼎, 無地起樓臺"라고 했다. 거란은 사신을 보내어 "각하가 집 지을 땅도 없다는 상공인가요?"라고 물었다. 비록 송사에 呂端과 合傳되어 있으나 문학적인 지명도는 여씨보다 뛰어났다. 宋璟은 그의 인품에 대하여 "宋廢平鐵石心腸, 亦爲梅花作賦"라고 하고 鄭板橋도 "廢平蓋作梅花賦, 冰雪心腸嫵媚辭"라고 했다.

　　구준은 파동(巴東)에서 두 구절의 유명한 시를 지었다:

　　"들판의 물 아무도 건너는 이 없고, 외로운 배는 하루 종일 가로 놓여있네.(野水無人渡, 孤舟盡日橫")

　　　「夜度娘」　　구준
杳杳煙波隔千里, 白蘋香散東風起, 日落汀洲一望時, 愁情不斷如春水.

아득한 물안개 천리 길, 봄바람 불어 白蘋 향기가 사방으로 퍼지네. 汀洲에 노을이 지고 멀리 바라볼 때, 걱정은 봄물처럼 끊임없이 흐른다.

유약한 감정이 마치 봄날의 물과 같이 사에서 녹아 흐른다. 이러한 감정 속에 담담한 애원이 있다.

「江南春」  구준

波渺渺, 柳依依. 孤村荒樹遠, 斜日杏花飛. 江南春盡離腸斷, 蘋滿汀洲人未歸.

파도는 아득하고 버들가지 한들한들. 외로운 촌락과 황량한 나무는 멀리 있고 석양은 비스듬히 비치며 자두 꽃이 날리네. 강남의 봄이 다 가니 이별의 애간장 끊어지고 汀洲에는 개구리 밥풀 가득한데 떠난 사람은 돌아오지 않는다.

음률이 매우 아름답다. 신운이 발동하고 바람이 절세의 아름다운 자세를 한 듯하다. 한 영웅이 남녀의 사랑을 묘사하는 소사를 힘들이거나 억지로 꾸미지 않고 적절하게 묘사한 얻기 어려운 작품이다.

「踏莎行」  구준

春色將闌, 鶯聲漸老. 紅英落盡青梅小. 畫堂人靜雨濛濛, 屏山半卷餘香嫋.　　　密約沈沈, 離情杳杳. 菱花塵滿慵將照. 倚樓無語欲銷魂, 長空黯淡連芳草。

봄날의 경치 저물어가고 앵무새 소리 점점 늙어가네. 붉은 꽃은 다 지고 파란 매실 작게 맺혔네. 화당에 인적이 없어 조용하고 비만 부슬부슬 내린다. 병풍을 절반으로 접으니 여향이 풍겨온다.

밀약은 잊혀지고 이별의 슬픔만 깊어간다. 마름꽃에 먼지만 자욱하네. 늦게 일어나 거울을 비춰보네. 누각에 기대어 묵묵히 애를 태운다. 먼 하늘 암담한데 방초가 이어졌네.

「踏莎行」은 위의 다른 두 작품과 비교하여 의미가 더욱 심오하지만 풍격은 서로 유사하다. 혹자는 이 작품을 진소유의 작품이라고 하나 잘못된 것이다. 전인이 고증한 바가 있다. 시풍으로 말하면 역시 구준의 풍상이다. 어렸을 적에 놀기를 좋아하여 철추에 다리를 맞아 흉터가 남아있다. 19세에 공명을 얻었으나 모친이 사망하여 항상 이 상처를 보고 탄식을 했다.

만년에 丁謂에게 모함을 당하여 외지로 귀향을 갔다. 후에 정위가 다시 모함을 당하는 바람에 귀양을 가면서 구준의 거처를 지나게 되었다. 사람들이 삶은 양을 한 마리 보내어 정위에게 모욕을 주려한 것을 그가 말렸다. 구준은 진퇴가 겸허하다고 하겠다. 그러므로 사의 감정이 심후한 것 같다.

## ③ 범중엄(范仲淹)

范仲淹(989-1052) 자는 希文이고 시호는 文正이다. 그는 북송의 政治家, 文學家, 軍事家, 敎育家였다. 蘇州 吳縣 사람이다.

　　그가 태어난 다음 해에 부친이 사망하여 모친 謝氏는 山東의 朱氏
집으로 개가한다. 그래서 범중엄은 范仲淹에서 朱說로 개명한다. 范仲
淹은 성장하여 자신의 처지를 알게 되자 모친을 떠나 南京으로 가서
공부를 한다. 真宗 때(1015年)과거에 급제하여 모친을 모셔와 직접
부양한다. 그는　仁宗 때 右司諫이란 직무를 맡고 1038年 西夏 李元昊
의 반란이 일어나자 韓琦와 같이 난을 평정한다.

　　范仲淹은 문학적 소양도 높아 유명한「岳陽樓記」를 지어 "「先天
下之憂而憂，後天下之樂而樂」(천하의 근심 때문에 근심하고 천하
의 즐거움을 같이 기뻐한다.)"는 명언을 남겼다. 위의 말과 같이 그는
정말로 성현중의 성현이다. 이백의「憶秦娥」이후 범중엄에 이르러
비로소 비장한 감정이 사에서 잘 표현되었다. 인구에 회자하는 사로는
「漁家傲」「蘇幕遮」등이 있다. 풍격은 호방하지만 다소 처량하다.
감정이 강렬하여 감동을 준다. 저서로는『范文正公集』이 있다.「漁
家傲」는 변경지방에서 가을 풍경을 묘사하면서 자신과 부하의 심정을
노래한 것이다.


　　　「漁家傲」　　범중엄
　塞下秋來風景異, 衡陽雁去無留意. 四面邊聲連角起. 千嶂裏, 長煙
落日孤城閉.　　　濁酒一杯家萬里, 燕然未勒歸無計. 羌管悠悠霜滿地.
人不寐, 將軍白髮征夫淚.


　　변방에 가을이 되니 풍경이 사뭇 다르고 형양 가는 기러기는 머물
생각이 없네. 사방 변방 소리는 뿔피리 소리에 연이어 일고, 첩첩산중
안개 속에 해는 지고 고성은 닫혀있네.

탁주 한잔에 집은 만리나 되고 연연산에서 승전을 하지 못하여 돌아갈 기약이 없네. 강족의 피리소리 길게 이어지고 땅에는 온통 서리가 내렸네. 사람들은 잠 못 이룬다. 장군의 백발 병사의 눈물.

첫 구절은 단도직입적으로 破題를 하여 가을날의 쓸쓸한 기분이 유감없이 표현되었다.

'異'자는 변경 지방과 다른 지역이 확실하게 차이가 남을 보여준다.

'衡陽' 구절은 가을에 국경의 기러기는 모두 남쪽으로 돌아간다. '衡陽' 두 글자의 본의는 단지 기러기가 남쪽으로 돌아가는 것을 말하지만 또한 모든 것이 위치가 타당하지 않다는 것을 말한다. 혹자는 기러기는 남방에서 나는 것으로 북쪽에 있으므로 범중엄이 손님이라고 말한다. 그러나 손님이 기러기와 같이 남쪽으로 가면 아무런 느낌도 없다. 아무런 느낌도 없다(無留意)라는 말은 서정의 의미를 이미 포함하고 있다. 이곳의 경치는 다른 곳과는 다르기 때문이다.

'四面' 구절에서 파수자리의 角聲이 들리자 비탕의 소리가 곳곳에서 난다. 이것은 「李陵答蘇武書」시 '凉秋九月, 塞外草衰. 久而不寐, 邊聲四起.' 구절을 변화시킨 것이다. 여기서는 야경을 묘사한다. 작가는 황혼의 풍경을 표현했다. 이 구절은 하편을 위하여 伏筆을 사용했다.

'千嶂' 두 구절은 특이한 경치다. 모든 산에 둘러싸인 술자리에서 '長煙落日孤城' 여섯 글자는 세 가지 경치를 한 구절로 표현하고 있다. 王維의 '大漠孤煙直, 長河落日圓'[18]은 唐詩의 유명한 對聯이다. 본

---

18) 王維 「使至塞上」
單車欲問邊, 屬國過居延. 征蓬出漢塞, 歸雁入胡天.
大漠孤煙直, 長河落日圓. 蕭關逢候吏, 都護在燕然.

구절은 이것과 동급이다. '閉'자는 적막한 의미가 엿보인다.

上片은 처량하고 적막한 삼림을 표현했다. 완전히 경치만을 묘사하였지만 경치 속에 이미 下片을 위하여 감정의 필법을 숨기어 놓았다. 그러므로 過片 이후 시작하자마자 감정이 더욱 강렬한 것이다.

'濁酒' 구절은 '衡陽' 구절과 호응한다. 기러기는 돌아갈 수 있으나 국경을 지키는 사람은 그럴 수가 없다. 황혼이 되어 탁주 한잔으로 무료하게 시간을 보내며 근심을 잊는다. 그러나 술을 마신 후 더욱 고향을 생각한다.

'燕然' 구절은 班固가 연연(燕然) 산에 비석을 세웠다는 내용이『文選』에 수록되어 있다. 그런데 적들이 오지 않아 연연산에서 적을 물리치지도 못하고 공명도 이루지 못했다. 반고는 이후 국가를 위하여 충성할 기회가 없었다. 이것과 윗 구절은 마찬가지로 비분강개한 의미가 있다. 작가의 의지가 비장하기가 이와 같은 것이다. 그래서 다음 구절은 처연하다.

'羌管' 구절은 사방에서 오랑캐의 피리소리가 들리고 아직도 황혼이다. 이 구절은 이미 저녁이 된 것을 말한다.

李益은「夜上受降城聞笛」에서 다음과 같이 노래했다.

回樂峯前沙似雪, 受降城上月如霜. 不知何處吹蘆管, 一夜征人盡望鄕.

回樂峯 앞 모래는 눈과 같이 희고 受降城 위의 달은 서리와 같이 밝네. 어디서 피리를 부는지 모르지만 한밤중에 군인은 고향만 생각하네.

'蘆管'은 피리(笛)와 같다. '羌管'은 胡樂이다. '霜滿地'는 '月如霜'의

의미이다. 혹은 정말로 서리가 내린 것일 수도 있다.

'人不寐' 두 구절은 이러한 늦은 밤에 어떻게 잠을 이루겠는가? 잠 못 이루는 사람은 장군과 전쟁에 나온 군인을 말한다. 군인은 단지 고향을 생각하고 눈물을 흘리고 있다. 장군도 같은 의미의 눈물일 것이다.

'白髮'은 장군이 고향을 생각하는 것 이외에 우국충정의 마음이 있음을 말한다. 그러므로 백발은 '燕然句'와 호응한다.

'工業未及建, 夕陽忽西流' 즉 장군의 마음이 매우 비장하고 처량함을 나타낸다. 격앙된 상태라고 말할 수 있다. 작품의 감정이 전인의 사랑을 초월하였고 변방의 경치 또한 전인이 언급한 것이 아니다. 이 두 가지에서 범중엄은 또 다른 사의 경계를 열기 시작했다고 말할 수 있다.

## 4  장선(張先)

張先(990~1078) 자는 子野 오정(烏程) 사람이다. 仁宗 때 진사에 급제하였고 말년에는 杭州와 吳興 중간에서 살았다. 柳永과 더불어 이름을 날렸고 별호를 '張三影'이라고 한다. 그의 사집은 『安陸詞』 혹은 『張子野詞』가 있다.

寇準과 范仲淹은 여력이 있을 때 사를 지은 사인들이다. 그러므로 그들의 업적은 사에만 한정된 것이 아니다. 張先은 일찍이 晏殊와 같이 唱和하고 만년에 다시 蘇東破와 唱和했다. 중국문학사에서 사인을 언급할 때 柳永과 병칭한다. 실지로 張先은 五代의 소령을 계승

발전시켰고 柳永과 더불어 宋 慢詞의 선구자가 되었다.

『白雨齋詞話』에서는 장선의 사를 다음과 같이 말했다.

"장선의 사는 고금의 큰 변화이다. 장선 이전의 안수 구양수 온정균 위장은 사체(詞體)는 갖추었으나 성색이 아직 꽃 피지 않았다. 장선 이후 진관 유영 소동파 신기질 주방언 강기 등은 사의 범위를 넓히고 분위기를 일신했다. 그러나 고의가 점차 사라졌다. 장선은 이런 가운데 적절함을 취했으며 함축미가 있고 발전적이었다. 함축미는 온정균 위장과 달랐고 발전적인 것도 호방한 소동파가 황금 버들을 묘사하는 것과는 달랐다.(張子野詞, 古今一大轉移也. 前此則爲晏·歐, 爲溫·韋, 體段雖具, 聲色未開:後此則爲秦·柳, 爲蘇·辛, 爲美成·白石, 發揚蹈厲, 氣局一新, 而古意漸失. 子野適得其中, 有含蓄處, 亦有發越處: 但含蓄不似溫·韋, 發越亦不似豪蘇懸金柳. )

또 장선은 소령이 이미 최고봉에 이른 시기와 만사가 발생하던 시기에 있었다. 그러므로 그의 사는 우여곡절과 함축미가 있었고 발전적으로 사의 범위를 넓히기도 했으나 안수 유영 등 여러 사인들만은 못했다. 규모면에서 협소했으나 사의 의미가 고대와 가까웠다. (張先介於期間 小令於此已臻頂峯, 慢詞亦於焉始生. 故其詞有曲折含畜處, 有發揚蹈厲處. 惟皆不如晏柳諸家, 規模雖隘, 詞意近古)"

晁補之가 장선에 관하여 말하기를 "장선과 유영은 함께 이름을 날렸다. 당시 장선은 유영만 못했으나 장선은 운(韻)이 높았고 유영은 장선에 미치지 못했다.(張子野與柳耆卿齊名, 當日以爲張不如柳. 但張以韻高, 柳不及之)"라고 했다. 운(韻)이 높았다는 말은 풍격이 고상했다는 말과 유사하다. 다음에 그의 작품을 본다.

「취수편(醉垂鞭)」    장선

雙蝶繡羅裙, 東池宴, 初相見. 朱粉不深勻, 閑花淡淡春.    細看
諸處好, 人人道, 柳腰身. 昨日亂山昏, 來時衣上雲.


한 쌍의 나비를 수놓은 치마, 동지의 연회에서 처음 만났네. 화장은
진하지 않았고 봄꽃처럼 맑고 담담했었네.

자세히 보면 볼수록 아름답고 사람들은 말한다. 버들가지 허리의
미인이라고. 어제 산이 어지럽게 어두울 무렵, 그녀가 올 때 옷이
마치 구름 같았지.


연회석에서 처음으로 여인을 만나는 다양한 감정을 묘사하고 있다.

첫 구절은 간단명료하다. 逆起句를 사용했다. 이곳은 압운을 위하여
고친 곳이다.

'閑花' 구절은 비교법을 사용하여 그가 만난 미인이 격조가 매우 높고
결코 평범하지 않음을 강조한다. 전반은 품격이 높고 운이 뛰어나다.
일반 사람은 그녀의 허리가 매력이라고 느끼지만 장선은 모든 점이
전부 아름답다. 즉 타인들과 비교하여 특히 주목하고 있는 것이
명백하다.

'昨日' 두 구절은 두보의 「奉先劉少府山水畵障歌」 시에 "反思前
夜風雨急, 乃是蒲城鬼神入"이라고 했다. 어제 그녀가 올 때 옷이 구름
같다는 것은 새로운 청신한 필법이다. 아직도 여운이 무궁하다.

『楚辭』 '봄바람이 표연히 불고 신령스런 비가내리네(東風飄兮神靈
雨)' 여기 이 여인은 사람이 아니라 아마도 선녀가 내려온 것일 것이다.

「菩薩蠻」 晏幾道
哀箏一弄湘江曲. 聲聲寫盡湘波綠. 纖指十三絃. 細將幽恨傳.
　當筵秋水慢. 玉柱斜飛雁. 彈到斷腸時. 春山眉黛低.


　슬픈 상강곡으로 쟁을 연주하고 쟁 소리에 상강은 유유히 파도를
치네. 섬섬 옥지로 13현을 연주하고 자세히 숨긴 한을 전한다.
　연회석에서 그녀의 눈빛은 다정하고 옥주는 비스듬히 나는 기러기
같네. 애간장 끊는 곳을 연주할 때 눈썹은 춘산처럼 낮게 드리우네.


　'哀箏' 구절은 『郡閣雅言』에 말하기를 "李遠은 당시 輕輕과 五卿
두 딸이 있었다. 그녀들은 쟁을 좋아했다. 이원은 시를 지어 말했다.
'연회에 가득한 손님들이 아무 말도 못하네, 한줄기 구슬픈 기러기 소리
같은 13줄 쟁 소리' (李遠時有輕輕五卿二女好箏. 李遠爲詩云坐客
滿筵都不語, 一行哀雁十三聲.)"라고 했다. 이로부터 당시에 箏이 유
행하였음을 알 수 있다.
　쟁은 본래 5현으로 몽괄이 12현으로 만들었고 당나라에 이르러 이미
13현이 되었으며 송 대에도 13현이었다. 지금은 줄 수가 더 늘어 16현이
고 일본에서는 17현이다.


　　「生査子」 이 작품은 구양수의 작품이라고도 한다.
　含羞整翠鬟, 得意頻相顧. 雁柱十三弦, 一一春鶯語.　　　嬌雲
容易飛, 夢斷知何處. 深院鎖黃昏, 陣陣芭蕉雨.


　부끄러움을 머금고 머리를 만지네, 만족하며 서로를 바라보네.

13줄 쟁은 줄마다 봄 꾀꼬리소리. 아름다운 구름처럼 쉽게 사라져 버리네.

(노래가 끝나자 사람도 떠나고) 꿈에서도 어디에 있는지 찾을 수 없네. 깊은 정원에 황혼이 깔리고 파초 잎에 떨어지는 처연한 빗방울 소리.

　쟁 소리와 인정이 서로 합하여 하나가 된 것이 「菩薩蠻」의 境界이지만 「生查子」는 여기에 매우 못 미친다.

　상편은 箏聲의 오묘함을 묘사하고 하편은 인정이 쟁의 소리에 녹아드는 것을 묘사했다. 쟁 소리로 쟁을 연주하는 사람의 형태를 표현했다. 질서가 정연하고 전체 작품이 하나로 통일되어 진행된다.

　宋詞에는 '哀箏'이라는 두 자를 즐겨 사용한다. 다음에 그 예를 든다.

　唐 李商隱 「哀箏」詩 : '何處哀箏隨急, 櫻花永巷垂楊岸.'

　宋 歐陽修 「李留後家聞箏」詩 : '不聽哀箏二十年, 忽聞纖. 指弄鳴絃.'

　宋 晏幾道 「菩薩蠻」詞 : '哀箏一弄湘江曲, 聲聲寫盡湘波綠.'

　宋 歐陽修의 「聽箏」: '不聽哀箏二十年, 忽聞纖指弄鳴絃.'

　아마도 쟁이 슬픈 곡조를 연주하기에 적합하기 때문인 것 같다.

　'幽恨傳' '斷腸時' 등은 모두 쟁 소리의 哀怨을 표시한다. 사람과 쟁이 하나가 되었다. 그러므로 같은 좌석에 앉아 연주하면 미인이 아름다운 눈으로 그윽하게 쳐다보는 것이다. 東坡의 「卜算子」에 "水似眼波橫, 山似眉峰聚. 若問行人去那邊, 眉眼盈盈處. 才始送春歸, 又送君歸去. 若到江南趕上春, 千萬和春住."라고 했다.

연회석에서 연주자가 연주를 하자마자 사람과 쟁이 일치된 상황이다. 그러므로 쟁을 연주하는 미인도 역시 그윽하게 쳐다보는 것이다. 마지막 두 구절은 마음속의 심정을 완벽하게 쟁 소리에 배합했다. 한편으로는 쟁의 애절함을 다른 한편으로는 사람과의 일치를 묘사한다. 두 번째 '綠'자는 연주자의 기예가 높음을 명백하게 말하고 있다.

「南歌子」　이기(李祁)
嬝嬝秋風起, 蕭蕭敗葉聲. 岳陽樓上聽哀箏. 樓下凄涼江月, 爲誰明.
　　霧雨沈雲夢, 煙波渺洞庭. 可憐無處問湘靈. 只有無情江水, 繞孤城.

산들산들 가을바람에 우수수 떨어지는 낙엽소리. 岳陽樓에서 슬픈 쟁 소리를 듣네. 岳陽樓 아래 처량한 강가의 달은 누구를 위해서 밝게 빛나나?

안개비 자욱한 깊은 꿈속에, 안개 낀 동정호수는 아득하게 멀리 있네. 불쌍하게도 어디에도 물을 곳 없어 상수의 영혼(상아)에 묻는다. 무정한 강물은 외로운 성을 감아 돌며 흘러가네.

「少年遊」　周邦彦
幷刀如水, 吳鹽勝雪, 纖手破新橙. 錦幄初溫, 獸煙不斷, 相對坐調笙.
　　低聲問, 向誰行宿? 城上已三更. 馬滑霜濃, 不如休去, 直是少人行!

병주에서 나는 가위가 물처럼 파랗고　오에서 나는 소금이 눈보다

흰데, 섬섬옥수로 새 줄을 깐다. 비단 장막이 따뜻해지고 짐승 형상의 향로에 향이 타고 있네. 마주보고 앉아서 생황을 분다.

나직한 소리로 묻는다. 누구네 집에서 주무실래요? 성 위에선 벌써 삼경을 알린다. 서리가 많이 내려 말 달리기 미끄러워 가시지 않는 것이 좋겠네요. 길거리에 인적도 드물답니다.

이것은 고아한 필법으로 염사를 썼다. 전반은 記事이고 후반은 記言이다. 이별한 후 과거를 추억하는 구절이 평범 속에 비범하다. 염사로써 천고의 명작이라고 할 수 있다. 이러한 감정에서 연주하는 箏聲은 결코 애절하지 않을 것 같다.

「江城子」 蘇東破

鳳凰山下雨初晴, 水風淸, 晚霞明. 一朵芙蕖, 開過尙盈盈. 何處飛來雙白鷺, 如有意, 慕娉婷.

忽聞江上弄哀箏, 苦含情, 遣誰聽！煙斂雲收, 依約是湘靈. 欲待曲終尋問取, 人不見, 數峰靑.

봉황산 아래 비가 막 개어 호수에 부는 바람 맑고 저녁노을이 아름답네. 한 송이 연꽃은 아직도 활짝 피어 있네. 어디선가 백로 두 마리가 날아와 따로 뜻이 있는 듯 미인을 사모해서겠구나.

갑자기 강가의 슬픈 쟁 소리 간절한 정을 담고 있어 누구에게 들으라는 것인가? 안개가 걷히고 구름도 사라져 상수의 선녀가 나타나려나. 곡이 끝난 뒤 물으려 했더니 사람은 보이지 않고 봉우리만 푸르네.

「江城子」는 五代 때에는 단편이었으나 송 대에 이르러 쌍첩이 되었다. 마지막 두 구절은 錢起의 「江靈鼓瑟」詩 '曲終人不見, 江上數峰靑.'을 변화한 것이다.

'箏'이 과연 슬픔과 즐거움이 있는가? 『樂記』에 "聲由心生, 以悲心感, 以悲聲應, 以樂心感, 以樂聲應."이라고 했다. 마음이 슬프면 즐거움도 느낄 수 없다. 마음이 기쁘면 어떻게 슬픔을 느낄 수 있겠는가?

## ⑤ 안수(晏殊)

晏殊(991年－1055) 자는 同叔 臨川 사람이다. 북송 婉約派 사인 중 한명으로 학문에 뛰어났다. 성품이 강직하고 청렴하여 인재를 애호하여 范仲淹, 歐陽修 등이 모두 그의 문하이다.

태평성세에 태어나 부귀를 누리다가 관직이 재상에까지 올랐다. 그는 재상이 되어서도 小令을 지어 사의 지위를 높였다. 구양수와 더불어 문명을 날렸으며 남당 풍연사의 사풍을 이어받았다. 안수의 사집을 『珠玉詞』라 한다. 그는 시인의 정서로 사를 지었고 당시의 예교(禮敎)와 조화를 이루었다. 그러므로 감정을 적절하게 조절하여 그의 작품을 읽게 되면 격정 비속어 등이 없고 격조가 비교적 높다.

『四庫提要』에 "시를 짓는 성품은 굳건(剛峻)하지만 사어만은 완약하고 묘하다.(賦性剛峻, 而詞語殊婉妙)"라고 했다. 晏殊와 寇準의 詞風은 매우 유사하다.

『白雨齋詞話』에서는 안수와 구양수를 평하기를 "歐陽修(文忠)는 생

각하는 방법이 매우 뛰어나고 元獻(晏殊)은 비교적 아름답고 우아하다
(文忠思路甚雋, 而元獻較婉雅.)"라고 했다.

「浣溪詞」　晏殊

一曲新詞酒一盃, 去年天氣舊亭臺, 夕陽西下幾時回.　　　無可
奈何花落去, 似曾相識燕歸來, 小園香徑獨徘徊.

한 곡조 새 사에 술 한 잔, 지난 해 같은 날씨의 옛 정자에
석양이 서쪽으로 지면 언제 다시 돌아올 것인가?
꽃이 지는 것을 어쩔 수 없네, 전에 본 듯한 제비 다시 돌아와
작은 정원 향긋한 길을 홀로 배회하네.

첫 구절은 두 가지를 말한다. '一曲新詞'는 처음 사를 짓거나 노래하
는 사람을 말하고 '酒一杯'는 다른 사람이 술을 마시고 감상하는 것을
말한다. 마음속으로 매우 만족함을 가리킨다. 白石은 石湖의 歌妓
小紅을 빌어 즐기며 사를 지었다: 그의 「過垂虹」은 이런 사실을 노래
한다. (自琢新詞韻最嬌, 小紅低唱我吹簫. 曲終過盡松陵路, 回首
煙波十四橋. : 백석이 소홍과 같이 배를 타고 吳興을 떠나며 지음)
晏殊도 여기에서 새 사를 지은 것은 아마도 자신을 위한 것일 것이다.

두 번째 구에서는 상황이 변하여 시간 장소 경치가 과거와 같지만
人事는 완전히 다르다는 점을 강조하여 과거의 즐거움이 꿈만 같다는
감정을 묘사한다. 작년에 새 사를 노래한 사람은 이미 존재하지 않는
다(혹은 노래를 한 사람은 있지만 심정이 이미 많은 차이가 난다).

셋째 구절은 둘째 구를 이어받아 자신의 심정이 무겁고 슬픔이 이미

극에 달한 것을 묘사한다. 지나가 버린 세월은 이미 다시는 돌아오지 못하는 것이다. 비단 지나간 세월이 다시는 돌아오지 못할 뿐만 아니라 올 봄도 장차 가버리는 것을 어찌할 수 없는 것이다. '花'자는 人事(작년에 새 사를 노래한 사람)를 만회할 방법이 없음을 지적한다. 시간과 장소 경치와 사물 심지어 제비조차도 모두 작년의 것인데 단지 노래한 사람만이 여기에 없다.

이별의 마음을 단지 작은 정원의 꽃길에서 홀로 배회하며 발산한다. 현실과 과거가 교차한다. 지난날의 즐거움을 회상하며 현재의 근심을 잊는다.

'無可' 두 구절은 모두 허자로 한 곳에서 선회하는 唱歎의 묘미가 있다. 자연스럽고도 아름다워 사람의 마음을 취하게 하는 매력이 있다.

『藝槪』에서 자구의 사용에 대하여 "詞中字句, 有似觸著者, 極鍊如不鍊. 晏殊'無可奈何'句是也. 宋祁'紅杏枝頭春意鬧中, 鬧字則係觸著之字也. 然此二句入詩則爲纖弱. 蓋詞質較輕, 境界較小."라고 했다.


　　「浣溪詞」　안수
一向年光有限身, 等閒離別易銷魂, 酒筵歌席莫辭頻.　　　　　滿目山河空念遠, 落花風雨更傷春, 不如憐取眼前人.


잠깐 동안의 세월 유한한 몸, 평상적인 이별에도 쉽게 혼이 나가니, 술과 노래 자리를 빈번하다고 사양하지 말자.

온통 강산만 바라보니 그리움은 보람이 없고 비바람에 꽃은 지고 가는 봄이 더욱 슬프네. 차라리 눈앞의 사람을 사랑해주리.

세월은 무한하고 인생은 유한하다. 시간은 눈 깜짝하는 사이에 흘러가고 우리의 수명은 유한하다. 그러므로 일상적인 이별도 마음을 녹인다. 노래를 하고 술을 마시며 실음을 달랜다. 이 세 구절은 순환을 하며 중간에 변화가 있다.

'滿目' 구절은 '等閒' 구절에 대하여 말한 것이다. 李嶠의 「汾陰行」 중에 "山河滿目淚沾衣, 富貴榮華能幾時. 不見只今汾水上. 惟有年年秋雁飛."라고 했다. 시야에 가득하게 봄날이 지나가는 광경이 들어오고 임을 그리워할 뿐만 아니라 자신이 잊혀져 감을 슬퍼한다.

마지막 구절은 자신도 어쩔 수 없는 상황에서 현실을 파악한다. 내용은 졸렬한 것 같지만 생각은 매우 현실적이다. 그러나 무정한 듯 다정한 듯 현실이 아닌 듯 현실인 듯하다. 이것은 杜牧이 말한 '多情却似總無情'[19]의 의미이다.

'滿木' 두 구절은 吳梅의 『詞學通論』에서 "이 부분이 無可奈何 句 보다 열배는 뛰어나다. 사람들이 잘 모르고 비촌하다고 평한다." 라고 했다. 나는 이런 생각에 동의하지 않는다. 吳梅가 일부러 강조한 것 같다.

---

19) 「贈別」(二首)
蠟燭有心還惜別, 替人垂淚到天明. 娉娉嫋嫋十三餘, 豆蔻梢頭二月初.
春風十裏揚州路, 卷上珠簾總不知. 多情卻似總無情, 唯覺尊前笑不成.
蠟燭有心還惜別, 替人垂淚到天明.

**안기도(晏幾道)**

晏幾道(1030-1106?) 자는 叔原이고 호는 小山이다. 그는 晏殊의 일곱 번째 아들이지만 정치적으로 부친만큼 성공하지 못했다. 開封府 判官을 지냈다. 사람들은 晏殊를 大晏, 晏幾道를 小晏이라고 불렀다. 말년에 가세가 기울었으며 사망한 연대도 확실하지 않다. 그의 사집을 『小山詞』라고 한다.

「蝶戀花」　晏幾道
初捻霜紈生悵望, 隔葉鶯聲, 似學秦娥唱. 午睡醒來慵一晌, 雙紋翠簟鋪寒浪. 　　雨罷蘋風吹碧漲, 脉脉荷花, 淚臉紅相向. 斜貼綠雲新月上, 彎環正是愁眉樣.

흰 비단부채를 집어 들고 말없이 근심이 생기네, 나뭇잎 사이 앵무 새소리 마치 秦娥가 노래를 부르는 것을 배우는 듯 사람의 마음을 흔드네, 낮잠에서 깨어 한동안 멍하니 있네, 침상에 쌍쌍의 비취를 수놓은 이부자리는 마치 싸늘하게 깔려있는 물결과 같네.

비가 그치고 따스한 바람이 불어난 푸른 물에 붉고 연이은 연꽃은 영롱한 물방울을 붉은 얼굴에 머금고 있네. 연잎에 신월이 비스듬히 비치며 굽은 모습이 마치 그녀의 근심어린 눈썹 같구나.

이 작품은 한 여인이 낮잠에서 깨어난 후의 '閒愁'를 묘사했다.

'상환(霜紈)'은 흰색의 고운 비단으로 부채를 만들 때 사용했다. 여기 서는 둥근 부채를 말한다.

'寒浪'은 돗자리의 무늬(席紋)이다. '淚臉'은 비가 온 후 연꽃의 모습을 말한다.

'綠雲'은 여기서는 연잎을 가리킨다. '彎環'은 새 달의 모습이 눈썹처럼 굽은 것을 말한다. 李賀는 『十月』시에서 눈썹과 달의 모습을 '長眉對月鬪彎環.'[20]이라고 했다.

詞의 상편은 독수공방으로 괴로워하는 여인의 한가로운 규중의 모습을 그렸고 하편은 '花月'로 사람을 형상하여 비유법을 사용했다.

이 작품은 경치와 감정이 잘 융합되어 있으며 적절한 비유로 새로운 형상을 묘사했다.

「更漏子」　　안기도
柳絲長, 桃葉小, 深院斷無人到. 紅日淡, 綠煙晴, 流鶯三兩聲.
　　雪香濃, 檀暈少, 枕上臥枝花好. 春思重, 曉妝遲, 尋思殘夢時.


버들가지 길고 복숭아 잎은 야들야들 정원 깊은 곳에 인적은 끊겼네. 봄날의 태양이 정원을 비치니 녹음속의 물기를 말리고 앵무새 지저귀는 소리가 들려오네.

설백의 피부 향이 진하고 얼굴의 붉은 기운도 이미 줄어들었네, 침상에 수놓은 꽃가지가 아름답구나. 봄날의 한가로운 걱정은 무겁고 새벽 화장은 더디네, 홀로 새벽 꿈속의 여운을 찾네.

---

20)「河南府試十二月樂詞·十月」李賀
玉壺銀箭稍難傾, 釭花夜笑凝幽明. 碎霜斜舞上羅幕, 燭龍兩行照飛閣.
珠帷怨臥不成眠, 金鳳刺衣著体寒, 長眉對月鬪彎環.

『白雨齋詞話』에서는 이 작품을 "완곡하고 아름다우며 깊은 정이 집중되어 있다(婉轉纏綿, 深情一往)"고 했다.

한가롭고 우아한 필법으로 깊이 있는 정취를 묘사하고 봄날의 '閨思'를 노래한 작품이다.

「何滿子」 안기도

綠綺琴中心事, 齊紈扇上時光. 五陵年少渾薄倖, 輕如曲水飄香. 夜夜魂消夢峽, 年年淚盡啼湘.　　歸雁行邊遠字, 驚鸞舞處離腸. 蕙樓多少鉛華在, 從來錯倚紅妝. 可羨隣姬十五, 釵早嫁王昌.

綠綺琴의 속마음 서글프고 齊紈扇의 좋은 시절 쉽게 가네.

한나라 장안(長安)의 부자 집 도련님 박정도 하지, 곡수의 부평초처럼 멀리 사라져 버렸네. 매일 밤 꿈속 계곡에서 혼을 잃고, 매년 눈물이 말라 상수 가에서 지저귄다.

돌아가는 기러기는 날아가며 멀리 글자를 이루는데 그대는 나에게 편지도 없네, 거울에 비친 초췌한 모습에 놀라 춤추던 곳 이별의 애간장 끊어지네. 청루의 많은 아름다운 여인이 미모를 처음부터 잘못 의존했지. 이웃집 15세의 미녀가 금비녀 꽂고 왕창에게 일찍 시집간 것을 부러워하네.

이 작품은 가기들의 고통과 비참한 운명에 대한 작가의 관심과 동정을 묘사한다.

'綠綺琴', '齊紈扇'은 여인의 원한을 대변한다. '齊紈扇'은 가기(歌妓)가 춤을 출 때 사용하던 부채인데 여인의 얼굴이 일단 초췌해지면 마치 가을철의 부채와 같이 버림을 받는 것을 암시한다.

　'夜夜' 구절은 宋玉의 『高唐賦』 '巫山神女' 이야기를 근거로 했다. 李商隱의 『無題』詩 중에 '神女生涯原是夢'의 구절도 '巫山神女'에서 나왔다. 나중에 '神女'는 '靑樓倡女'의 동의어가 되었다.

　'年年' 구절은 순임금이 죽자 두 왕비가 눈물을 흘렸고 이것이 대나무를 물들여 자국이 생겼다. 왕비는 죽어서 湘水의 신이 되었다.(張華의 『博物志』) 그러므로 '湘妃竹'은 가기의 고통을 대변한다.

　'鸞鏡'은 劉敬叔의 『異苑』에 실려 있다.

　崔顥의 『古意』에 "十五嫁王昌, 盈盈入畫堂, 自矜年最少, 復倚婿爲郎. 舞愛前溪綠, 歌怜子夜長. 閒來鬪百草, 度ㅋ不成妝"이라고 했다.

## 7　유영(柳永)

　柳永(987? - 1053?) 자는 耆卿으로 福建 崇安 사람이다. 관료집안 출신이나 성격이 시대와 어울리지 못했다. 屯田員外郎을 역임하여 사람들이 그를 柳屯田이라고 불렀다. 송대 慢詞의 발전에 큰 영향을 주었다. 그의 사집으로 『樂章集』이 있다.

　柳永과 慢詞는 밀접한 관계가 있다. 사는 온정균 이전에는 '曲子詞'라고 불렸고 다소 경시하는 의미가 있어 대아지당(大雅之堂)에 오르지 못했다. 온정균 이후에 문인들이 개입하여 한편으로는 사를 짓고 또 한편으로는 윤색을 하여 내용을 확대하고 품격을 높이었다. 점차적으로 사는 고아한 길을 들어서며 상류사회에서 받아들이게 되었다.

사를 '詩客曲子詞'라고 한 것은 詞가 사대부들의 유흥오락의 도구가 되었고 시 이외에 하나의 문체로 성립된 것을 말한다. 당대에서 송대 초기에 이르기까지 명가가 개입하여 수준이 매우 높아지고 이미 성숙한 단계로 발전하게 된 것이다. 바꾸어 말하면 이미 더 이상 발전할 수 없어 다른 발전방향을 모색한 것이며 이것이 소위 慢詞(長調)이다. 『宋史 樂記』에는 '급곡(急曲)' '만곡(慢曲)'으로 양자를 대비한다. 그러나 음악적인 입장에서 말하면 소령(小令)중에 만곡이 있고 장조 중에 급곡이 있다. 장선(張先)이 장조를 지은 것은 소령필법(小令筆法)으로 쓴 것이다. 사의 글자 수를 보면 글자 수가 많으면 만사이고 글자 수가 적으면 소령이다. 그러나 글자의 숫자만으로 모든 것을 판단할 수는 없다.

五代는 사의 절주감이 촉박했으나 북송 때 사가 성행할 때에는 사가 여유로워졌다. 연악(燕樂)의 음절에서 변화한 것이다. 송사를 읽어보면 당시 五代의 갈고(羯鼓)와 玉笛의 소리가 완만하여 아름답다(沈曾値 『균각쇄담(菌閣瑣談)』)


　　　「人月圓」　예찬(倪瓚)
傷心莫問前朝事, 重上越王臺. 鷗鶿啼處, 東風草綠, 殘照花開.
　　　悵然孤嘯, 青山故國, 喬木蒼苔. 當時明月, 依依素影, 何處飛來.


걱정스런 마음으로 이전 왕조의 일을 묻지 말라. 다시 월왕대에 오르니 자고새 우는 곳에 봄바람 불어 풀이 푸른데 지는 석양 노을에 꽃이 피네.

슬프고 외로운 휘파람을 부네, 청산 고국, 교목은 이끼가 끼었네. 당시의 명월은 여전히 흰 빛을 비추고 있지만 어디서 비춰 오는 것일까?

위의 작품을 읽으면 애처로운 감이 있지만(사의 의미가 슬프기 때문에 빨리 읽을 수 없다.) 부득불 빨리 읽게 된다. 또 짧은 구절이 많아 만사처럼 느리게 보인다. 그러므로 자수로 소령과 만조를 구분하는 것은 정확하지 않다.

송초에 이르러 사는 최고로 발전을 하게 된다. 그러나 사는 단지 상류사회의 장식물일 뿐이며 평민들은 이미 감상도 할 수 없게 되었다. 평민들은 스스로 감상할 수 있는 곡조를 필요로 하게 되었다. 그러므로 만사가 발생하게 되었고 이를 '今體慢曲子'라고 부르게 된 것이다. 王灼의『碧鷄漫志』에 "당 중엽이후 今體慢詞가 이미 생겼다"고 했다. 당시에 소령은 이미 상류사회로 진출하였고 일반문인은 慢曲子를 경멸했음을 말한다.

음악의 변화가 慢詞가 발생하게 된 가장 중요한 원인중 하나이다. 송이 천하를 통일하고 南唐의 악대가 북쪽으로 이동하여 송에 도착했다.(大周后도 邀醉舞部로 만든 적이 있다.)

南唐 後主는 지음(知音)으로 '古樂 念家山'을 '念家山破'로 고쳤다. 『宋史‧樂志』에 "남당악이 도착하자 교방은 좌부를 폐했다. 왜냐하면 과거의 곡조로 새로운 노래(新聲)를 창작했기 때문이다. 민간에서도 이와 같이하여 효과가 매우 좋았다. 교방 기원 술집에서도 신성(新聲)을 받아들여 대중들의 사랑을 받았다"라고 했다.

유영은 바로 이러한 시기에 태어났으며 당시에는 '今體'慢曲子'를 사대부들이 이미 멸시하지 않았다. 유영이 만곡자를 창작하면서 사는 더욱 발전했다.

唐代에는 '燕樂', '大曲', '雜曲'이 있었다. 小令은 잡곡에서 나오고 만사는 대곡에서 나왔다. 소위 대곡은 散序, 中序, 破로 구성되어 있고 가무형식이다. 한 곡의 구성이 최소한 12편 이상으로 되어 있다. 대곡 한곡에는 아름답고 훌륭한 곡 몇 편이 있어서 문인들은 '摘遍'하여 그것을 떼어다가 사를 지었다. '摘遍'한 후 이를 다시 개조하여 令 引 近 慢 序 등을 만들었다(여기서의 令은 大曲에서 변화한 것으로 이미 장조이다. 예를 들어 「六么令」은 94자이고 「婆羅門令」은 86자의 中調이다). 이들은 비록 궁조(宮調)는 같지만 이미 글자 수가 늘어나 독립된 곡자(曲子)가 되었다. 이것이 만사의 내원중 하나이다. 만사는 유영이 아니면 이렇게 빠르게 성장할 수 없었다.

清 宋翔鳳은 『樂府餘論』에서 "송 인종이 재위하는 동안에 국력은 매우 강성했다. 중원은 평화롭고 변경(汴京)은 번화하고 가무극이 크게 성행했다. 유영은 이러한 환경을 즐기며 신성을 수집하여 작곡을 하고 시정의 언어로 가사를 지었기 때문에 모든 사람들이 그의 노래를 좋아했다"고 했다. 東坡, 少游, 山谷 이후 만사는 점차 유행했다.

葉夢得의 『避署漫錄』에서 말하기를 "유영은 과거에 급제한 거자 (擧子)의 신분으로 당시 유곽을 주로 다녔고 가사를 즐겨 지었다. 악공 기녀들이 새 곡을 얻으면 반드시 가사를 유영에게 부탁했다. 드디어 우물가에서도 모두 유영의 노래를 부를 수 있었다."라고 했다.

이상을 종합하여 볼 때 사는 송대에 들어와서 구곡이 새 곡으로 변했기 때문에 점차적으로 고아(高雅)한 길을 걸으며 지방곡과 섞이는 것을 끊고 영공(伶工) 교방(敎坊)에서 성행했다. 현대가 전통을 이겼다는 의미이다. 혹자는 이를 '伶工曲'이라 하고 또 대곡에서 절편하여 사를 지었으므로 이를 '摘遍'이라고 한다. 또 일부는 摘遍을 가조하여 令 引 近 慢을 만들었다.

유영은 이 시기에 생존하였으므로 상술한 각종 사가 그의 사집에 모두 수록되어 있다. 특히 영공 교방의 곡자가 많다. 그는 중하류 계층의 음악을 상류사회로 끌어들였다. 그러므로 李淸照가 그를 평하기를 "비록 음률은 조화롭지만 가사가 비천하다(雖協音律, 而詞語塵下)"고 했다.

宋 嚴有翼은 그의 작품에 대하여 "이별의 노래가 아니면 규방 여인내이 언어들이다(非覊旅離別之辭, 卽閨房淫媟之語)'고 했다.

陳師道가 그의 작품에 대하여 "굴곡이 있고 속된 것을 쫓았으나 천하가 그를 노래했다.(猷骳從俗, 天下詠之.)"고 했다. 그러나 유영의 작품 중에는 고아(高雅)한 것도 있다.

온정균은 曲子詞를 詩客曲子로 만들었고 유영은 伶工曲을 慢詞로 만들었다. 두 사람은 모두 음률에 정통하고 품성이 광유협사(狂遊狹邪: 품행이 당시의 예속에 맞지 않고 대범함을 말함)하고 고두 군주의 버림을 받아 뜻을 이루지 못하고 죽었다.

소령은 글자의 수가 적어 짧은 언어로 의미를 표현하여야 하므로 比興의 용법을 사용함이 적합하고 慢詞 중에는 賦의 필법과 比興을 결합하여 표현할 수 있다.

『文心雕龍』에서 "賦者, 鋪采摛文, 體物寫志也"라고 했다. 만사도 이와 동일하다. 유영의 사는 당시 본래 노래에 맞추어 지은 것이 많다. 그러므로 대부분 음률이 조화롭고 아름다웠기 때문에 크게 성공한 것이다. 오늘날 악보가 없어져 단지 가사를 통하여 작품을 보면 사용한 언어가 대부분 천박하고 요염하고 음란한 것이 많다. 하지만 유영은 내용을 구체

적으로 늘리어 표현하면서 수습하기 어려운 상황과 감정을 쉽게 처리한
다. 고아한 사는 행역(行役)을 제외하면 모두 기탁하는 바가 없고 직접적
이고 사실적으로 묘사했다. 그의 사를 보면 이런 작품들이 모두 일맥상통
하며 경책(警策)의 언어가 그 특색을 더한다. 그러므로 사의 경계가 높지
못하지만 후세 사람들이 여전히 좋아한다.


　　　　「雨霖鈴」　　　柳永
　寒蟬淒切, 對長亭晩, 驟雨初歇. 都門帳飮飮無緖, 方留戀處, 蘭舟摧
發. 執手相看淚眼, 竟無語凝噎. 念去去, 千里烟波, 暮靄沈沈楚天闊.

多情自古傷離別, 更那堪, 冷落淸秋節! 今宵酒醒何處? 楊柳岸, 曉風
殘月. 此去經年, 應是良辰好景虛設. 便縱有千種風情, 更與何人說?


　늦가을 쓰르라미 처량하게 울고, 장정에 비치는 석양, 소나기도
막 그쳤네. 성문 밖 송별연에 마음 설레고 미련이 아쉬워 떠나지
못하는데 사공은 뱃길을 재촉하네. 서로 두 손 잡고 눈물만 흘리며
목이 메여 말을 못하네. 천리 길 안개 속에 멀리 떠나는 그대 끝없이
트인 남쪽의 하늘에 저녁노을 짙었네.
　다정한 사람은 자고로 이별을 슬퍼하고 게다가 쓸쓸한 가을철이구나.
　오늘 저녁 어디서 술이 깰 것인가? 버들가지 늘어진 언덕 새벽바람
에 조각달 걸렸으리. 이번에 떠나 해를 넘기면 좋은 시절과 경치를
무엇에 쓰리 천 가지 풍정이 우러난들 누구와 더불어 이야기하리.


　이 작품은 고아한 작품에 속하지만 잡곡(雜曲)에서 변화한 것이다.

『明皇雜錄 太眞外傳』에 "현종이 귀비를 추억하며 촉 지방을 순찰하다 한 계곡에 이르렀는데 빗방울이 처마에 떨어지는 소리가 들려와「우림령」을 지어 양귀비를 기념했다. 명황은 伶工 張野孤에게 篳篥로 반주하게 했다."고 했다.

'長亭'의 '晩"자는 누군가 엎드려 배의 출발을 재촉하기 때문에 사람들이 기다리는 것이다.

첫 세 구절은 이별의 말은 없지만 이미 이별의 감정이 생겨난다.

'帳飲' 구절은 고대 조상에게 제사를 지낼 때 길거리에 장막을 치고 송별을 하고 아울러 '路神'에게 제사를 했다. 또 한나라 때 관료들이 관직을 사임하고 떠나면서 백성들과 성문에서 술을 마시며 작별을 했다.

'執手' 두 구절은 할말은 정말 많지만 단지 행동으로 표현했다.

'응일(凝噎)' 두 글자는 작품의 감정을 제대로 압축했다.

'念去' 세 구절에서 '念' 자 다음은 상상의 언어이다.

'모애(暮靄)' 구절은 앞의 '長亭晩'의 시간과 서로 호응한다. 당신이 지금 가려고 하는 곳은 바로 저녁 안개가 짙은 곳이다.

'多情' 두 구절은 한 겹을 벗겨내고 하는 말이다. 지금의 이별은 가을철 이렇게 적막한 계절의 이별은 다른 때보다 더욱 처량하게 만든다.

'今宵' 세 구절은 추측의 언어로 아직 이별하지 않았음을 알게 한다. 이미 성문의 장막은 어수선하고(都門帳飲無緒) 술이 깬 후어는 버드나무가지 언덕에 새벽달이 걸려있는(曉風殘月) 때이다.

이 구절은 그윽하고 맑은 감정을 묘사했다. 풍경이 이와 같이 처량하고 심정도 역시 이처럼 처량하다. 마지막 7글자는 감정이 경치에 녹아있는 듯 풍경으로 감정을 표현했다. 자신의 감정을 말하지 않았으나 감정이 드러나 보인다.

　　유영이 묘사한 '曉風殘月'이라는 구절은 그가 창조한 구절은 아니다.
이와 유사한 이미지를 온정균은 「更漏子」에서 '簾外曉鶯殘月'이라
하였고 진관(秦觀)도 비슷한 의미를 '酒醒處, 殘陽亂鴉'로 묘사했다.
그러나 이 셋 중에 유영의 구절이 사람의 감정을 가장 잘 나타내고
사람들에게 낭송되었다.(「與秦少游「酒醒處, 殘陽亂鴉」, 同一景
事, 而柳尤勝.」(王世貞 『藝苑巵言』)

　　그는 계속하여 직접적이고 솔직담백한 필체로써 이별한 이후의 감정
을 묘사했다. 그러므로 솔직한 중에 능히 그 정감의 무게를 깨달을
수가 있다. 이로부터 유영의 기력이 힘차게 용솟음쳐 힘이 종이를 뚫는
것을 느낀다. 이별한 후의 여운을 표현한 시를 보자.


　　　「傀儡吟」　唐 明皇帝
刻木牽絲作老翁, 鷄皮鶴髮與眞同.
須臾舞罷寂無事, 還似人生一夢中.


나무를 깎고 실을 이어 늙은 인형을 만드니
계피학발이 정말 똑 같구나
잠시 인형극을 마치니 적막하여 아무 일도 없는 듯,
게다가 인생은 정말 꿈만 같구나.


　　　「雨霖鈴」詩　　장호(張祜)
雨霖鈴夜却歸秦, 猶是張徽一曲新.
見說上皇和淚敎, 月明南內更無人.

우림령의 밤 진나라로 돌아가다 伶工 張野孤가 새 곡을 짓네.
명황을 보며 눈물로 연주하고  달은 밝은데 남쪽에는 아무도 없네.


유영의 「우림령」은 舊曲으로 新聲을 만든 것이며 遺音이 보존되어
있다. 첫 세 구절은 가을 풍경을 묘사하고 있다. 寒蟬은 시절을 가리킨
다. 이별을 할 때 가을 매미의 울음소리를 듣고 더욱 비참함을 느낀다.


「戚氏」   柳永

晚秋天. 一霎微雨洒庭軒. 檻菊蕭疏, 井梧零亂, 惹殘煙. 凄然. 望江
關. 飛雲黯淡夕陽間. 當時宋玉悲感, 向此臨水與登山. 遠道迢遞, 行
人凄楚, 倦聽隴水潺湲. 正蟬吟敗葉, 蛩響衰草, 相應喧喧.

孤館度日如年. 風露漸變, 悄悄至更闌. 長天淨, 絳河清淺, 皓月嬋
娟. 思綿綿. 夜永對景, 那堪屈指, 暗想從前. 未名未祿, 綺陌紅樓, 往
往經歲遷延.

帝里風光好, 當年少日, 暮宴朝歡. 況有狂朋怪侶, 遇當歌、對酒競
留連. 別來迅景如梭, 舊游似夢, 煙水程何限. 念利名、憔悴長縈絆.
追往事, 空慘愁顏. 漏箭移, 稍覺輕寒. 漸鳴咽, 畫角數聲殘. 對閑窗畔,
停燈向曉, 抱影無眠.


늦가을 가랑비 잠시 정원을 적시네. 난간엔 국화가 쓸쓸하게 시들
고 우물가 오동잎도 한 잎 한 잎 떨어져 옅은 안개를 일으킨다. 처연
하구나, 강가의 관성을 바라보니 구름은 암담하고 석양은 노을이
졌네. 당시 송옥의 슬픔을 생각하며 강과 산에 오른다. 길든 구불구불
요원한데 행인은 처량하고 졸졸 흐르는 물소리도 행인을 귀찮게
한다. 마침 매미는 시든 나뭇잎에서 울고 귀뚜라미는 시든 풀에서

울며 서로 호응하는 듯 우네.

　외로운 객사는 하루가 일년 같고 점점 바람과 이슬이 차가워지면 어느새 밤은 깊어 간다. 넓고 맑은 밤하늘 은하수 희미하게 빛나고 하얀 달은 아름답구나. 끝없는 생각 긴긴 밤 이런 풍경을 대하며 손꼽으며 지난 일을 회상하네, 명예도 벼슬도 없던 시절 화려한 기루의 거리에서 항상 해를 보내며 소일하네.

　서울의 풍광이 좋아, 젊은 시절 저녁 연회를 아침까지 즐겼지. 광기어린 친구들과 술을 마시고 노래하며 주량과 재주를 자랑했네. 이별 후 세월은 화살처럼 흘러, 옛날 놀던 일 꿈과 같고 안개 낀 뱃길은 한이 없구나. 명예와 이익을 생각하며 초췌한 모습으로 얽매여 있네. 지난 일을 생각할수록 공연히 슬플 뿐, 시간이 흘러 가벼운 추위를 느끼고 어디선가 들려오는 화각소리 멀어져 간다, 공허하여 등불을 끄고 창가에서 새벽을 기다리며 혼자 잠 못 이루네.

　당시 "이소의 적막함이 천년 후에 「척씨」의 처량함 한곡으로 끝났다.(『離騷』寂寞千年後, 戚氏凄凉一曲終)"고 하였으니 이 작품의 평가가 얼마나 높았는지 알 수 있다. 聲情·歌詞가 서로 잘 배합되어 있다.

　　　　「夜半樂」　柳永
　凍雲黯天氣, 扁舟一葉, 乘興離江渚. 渡萬壑千巖, 越溪深處, 怒濤漸息, 樵風乍起. 更聞商旅相呼, 片帆高擧, 泛畫鷁、翩翩過南浦.

　望中酒旆閃閃, 一簇煙村, 數行霜樹. 殘日下, 漁人鳴榔歸去. 敗荷零落, 衰楊掩映. 岸邊兩兩三三, 浣妙遊女, 避行客, 含羞相笑語.

到此因念, 繡閣輕抛, 浪萍難駐. 歎後約丁寧竟何據! 慘離懷、空恨
歲晚歸期阻. 凝淚眼、杳杳神京路, 斷鴻聲遠長天暮.

　구름도 얼어붙은 어두운 날씨에 일엽편주를 타고 흥겹게 강가를
떠나네. 수많은 계곡과 산을 지나 월계의 근원지에 도착하니, 거센
파도 점차 가라앉고 수풀 속의 바람이 일어난다. 상인들이 오가며
인사하는 소리 들리고 돛을 높이 거니, 익새를 그린 배는 빠르게
남포를 지난다.
　멀리 바라보니 주막의 깃발이 펄럭이고 마을엔 연기가 피어오르고
서리 내린 나무들이 줄지어 있다. 해는 지고 어부들 뱃전을 두드리며
돌아가네. 시들은 연잎 떨어지고 쇠잔한 버들잎 바람에 흔들리네.
언덕가의 두 셋씩 모여 빨래하는 여인네 지나가는 나그네를 피해
부끄러운 웃음을 머금고 서로 이야기하네.
　이제 생각하니 화려한 누각을 너무 쉽게 이별하고 부평초처럼
정착할 수 없네. 한탄스런 훗날의 기약 무엇에 의지할건가? 이별의
슬픔 참담하고 해는 저물어 가는데 돌아갈 기약도 없네. 눈물 고인
눈으로 아득한 서울 길을 바라보며 짝 잃은 외기러기 소리 석양하늘
가로 사라지네.

　유영 이전에는 이 곡이 없었다. 혹은 그가 지은 것이라고 하고 혹은
곡조에 가사만 맞춘 것이라고 한다.
　본 작품은 모두 3疊 140자로 여행의 감정을 묘사한 것이다. 一疊은
지나온 여행지를 묘사했고 二疊은 처음 출발 시에 길에서 본 것을 묘사
한 것이다. 그런데 이렇게 각 절로 나누어 보면 무언가 막히는 곳이

있다.

'凍雲'은 겨울철 모든 것이 언 새벽을 가리킨다.

'乘興'은 사람과 이별하려니 흥이 나지 않아 술의 힘을 빌려 흥을 돋운다. 배를 타고 아래로 내려가며 길손들이 서로 부르는 것을 보고 돛대를 올리고 위로 향하는 것을 본다.

'화익(畫鷁)' 구절은 여행객의 배가 비교적 화려함을 표현한 것이다.

'南浦'는 이별의 감정을 암암리에 가리킨다.

二疊은 여러 가지가 배합되어 처량하고 쓸쓸한 맛이 있다. 배를 타고 돌아가는 감정과 다르다. 어부와 여행자들이 모두 집으로 돌아가지만 나만 떠난다.

'岸邊'의 몇 구절은 빨래하는 소녀에서 부인의 화장하는 웃음 띤 얼굴을 떠올린다. 二疊은 여기서 끝난다. 이미 이별의 한이 온몸에 가득하다. 집을 떠날 때에 비하여 더욱 처량하다.

三疊은 풍경을 묘사하다가 서정으로 옮겼다. 첫 구절은 '乘興' 두 글자와 서로 호응한다.

'因念' 두 글자로 윗부분을 매듭짓고 다음을 기약한다.

'浪萍' 구절은 자신이 뿌리가 없는 존재임을 묘사한다.

'難後' 구절은 스스로 돌아갈 시기를 추측할 수 없음을 묘사한다.

'杳杳' 구절은 본래 집을 떠나 천리나 먼 서울에서 공명을 이루기 위한 것 그러나 그것이 불가능한 것을 누가 알았겠는가?

'天欲暮時, 聞斷鴻聲': 경치를 묘사하는 내용으로 끝맺음을 했다. 점점 날은 저물고 갈 길은 아직 먼 감정을 표현한다. 감정을 표현하는 말(情語)로 끝을 맺는 것보다 좋다.

一二疊은 음률이 '느리고 온화(紆徐和緩)'하나 三疊 중간의 몇 구절은 一氣가 아래로 관통하면서 성조가 급박하고 고앙(高仰)되어 있다. 절주가 복잡하고 빠른(繁聲促節) 편이다. 감정이 변하면 曲調도 역시 변화하여 서로 맞추게 되는 것 같다. 절주가 복잡하고 빠른 작품을 아래에 예로 든다.

　　「拜星月慢」　　周淸眞
　夜色催更, 淸塵收露, 小曲幽坊月暗. 竹檻燈窗, 識秋娘庭院. 笑相遇, 似覺瓊枝玉樹相倚, 暖日明霞光爛. 水盼蘭情, 總平生稀見.
　畫圖中, 舊識春風面. 誰知道, 自到瑤臺畔, 眷戀雨潤雲溫, 苦驚風吹散. 念荒寒, 寄宿無人館, 重門閉、敗壁秋虫嘆. 怎奈向, 一縷相思, 隔溪山不斷.


　밤이 깊어지며 야경을 알리는 북소리가 재촉을 하고 거리의 맑은 먼지가 이슬을 머금고 다소 굽어진 동내에 달빛이 어둡게 비추네. 아름다운 대나무 집의 창문으로 등불이 비추니 내가 아는 秋娘의 정원 같네. 서로 웃으며 만나, 마치 瓊枝와 玉樹가 서로 기대어 있고 아름다운 그녀의 얼굴 따스한 태양과 밝은 노을처럼 찬란한 것 같네. 평생 보기 힘든 촉촉한 그녀의 눈은 마치 사랑을 말하는 듯 사람을 취하게 한다.

　과거 그녀의 그림을 본 적이 있어 그녀의 모습을 사모하네. 뜻밖에 瑤臺 가에서 서로를 사모하지만 운우(雲雨)와 같이 아름다운 그녀 괴롭게도 싸늘한 바람에 흩어져 버리네. 황량하고 싸늘하여 아무도 없는 여관에 머문다. 겹 문은 닫혀있고 사람의 마음을 아는 듯 무너진 담에 귀뚜라미가 탄식하네. 이 그리움의 마음을 어쩔 것인가? 강산을 떠나왔어도 잊혀지지 않네.

이 사는 다소 특별하다. 격정이 가득한 마음으로 작가와 한 기녀의 사랑을 추억하며 독자들에게 잊기 힘든 인상을 준다.

周濟는 『宋四家詞選』에서 이 작품을 비평하기를 "전부 추억들이다. 하지만 순수하며 실제로 있었던 일이다. 그러나 독자들이 전편을 읽으면 거의 부(賦)라는 느낌이 든다. 환두는 다시 이를 배가 시켰다. 다른 사람들이 절대 할 수 없는 능력이다. (全是追思, 却純用實用. 但讀前闋, 几疑是賦也. 換頭再爲加倍跌宕之. 他人万万無此力量.)"고 했다.

절주가 복잡하고 빠른(繁聲促節) 것과 본 작품은 일맥상통한다. 마지막 구절을 경치를 묘사한 말(景語)로 하여 "聲情과 詞情이 서로 어울린다."고 할만하다.


「八聲甘州」 柳永

對瀟瀟暮雨灑江天, 一番洗清秋. 漸霜風凄緊, 關河冷落, 殘照當樓. 是處紅衰翠減, 苒苒物華休. 唯有長江水, 無語東流.

不忍登高臨遠, 望故鄕渺邈, 歸思難收. 嘆年來蹤跡, 何事苦淹留? 想佳人妝樓顒望, 誤幾回天際識歸舟? 爭知我, 倚闌干處, 正恁凝愁!


석양비가 부슬부슬 장강의 하늘에 내려 한바탕 맑은 가을을 씻는다. 서리 바람 점점 차가워지고 변경의 산하는 적막한데 석양이 누각을 비추네. 곳곳에 꽃과 앞은 시들어 떨어지고 아름다운 경치도 사라지네. 단지 장강의 물만은 말없이 동쪽으로 흐른다.

차마 높이 올라 먼 곳을 바라보지 못한다. 고향을 바라보면 아득하여 돌아가고픈 마음 누를 수 없네. 한탄스럽게도 몇 년간의 떠돌이 생활 무슨 일로 힘들게 오랫동안 머물렀나? 그녀를 생각하면 아름다운 누대에서 멀리 바라보며 하늘가에서 돌아오는 배를 내가 오는 줄로 몇 번이나 잘못 알았을까? 내가 난간에 기대어 이렇게 슬픔으로 응어리 진 것을 어찌 알겠는가?

　이 사는 유영이 악보에 맞추어 가사를 쓴 종류의 작품이다. 『唐書樂志』에 말하기를 "天寶 연간의 악곡은 모두 변방의 지명으로 이름을 삼았다. 예를 들어 凉州, 梁州, 甘州는 모두 大曲에 속한다.(天寶樂曲皆由邊地命名. 如凉州梁州甘州, 皆屬大曲.)'라고 했다. 위의 사패도 甘州에서 摘遍하여 된 것이다. 그러므로 궁조는 같다. 소위 八聲은 八韻을 말한다. 혹은 「甘州徧」「甘州令」이라고 하며 甘州의 大曲에서 절취한 것이다.

　『人間詞話』는 이 작품과 동파의 「水調歌頭」를 평하기를 "흥을 돋우는 작품이다. 천고의 절창으로 일반적인 격조로 논할 수 없다(催興而作, 格高千古, 不能以常調論也.)"라고 했다.

　첫 두 구절은 시간을 말한다. 몰락의 슬픔, 여행의 추억 등 문자가 '健拔俊爽'하다.

　'漸霜' 세 구절에서 '漸'은 領字로 세 구절을 관통하며 去聲字를 사용한다. 이곳은 이백이 노래한 '西風殘照, 漢家陵闕'의 감이 있다. 세 구절은 가을의 회포와 가을 날씨를 표현하며 宋玉의 명구를 생각나게 한다.

　'是處' 두 구절에서 첫 구절 '對' 자를 받는다. 암암리에 사람의 세월이 '冉冉物華休'하는 중에 늙어 감을 말한다.

'惟有' 구절은 망망하여 사람으로 하여금 만감이 교차하는 것을 알지도 못하게 한다. 謝朓는 '大江流日夜, 客心悲未央'이라고 했다. 이곳에서 보면 순필법(順筆法)인 것 같다. 그러나 '惟此' 두자는 다소 파란을 일으키며 평상적인 구법에 순간적인 변화를 주어 아름다운 구절로 만들었다. 상반부는 이별을 하는 사람의 눈 속에 한 폭의 가을 풍경을 묘사하고 과편은 실질적인 가을 회포를 서술했다.

'不忍' 세 구절은 '殘照當樓'를 받고 돌아갈 수 없는 것이 끊어진 부평초와 같다.

'歎年' 두 구절은 돌아갈 수 없는 감정을 강조한다.

'想佳人' 두 구절은 구법과 감정이 두보의 시 「月夜」와 같다. 내가 타인을 생각하는 것이 아니라 타인이 나를 그리는 것을 썼다. 뒤집어 사실을 묘사하여 감정의 우여곡절을 더욱 증폭하고 이목을 새롭게 한다.

謝朓의 시 '天際識歸舟, 雲中辨江樹'의 구절에서 변화한 '誤幾回' 세 글자는 상대방이 강가 누각에 올라 멀리 바라보고 있는 것이 한 번이 아님을 밝히고 있다. 謝朓의 시보다 뛰어나다. 溫庭筠의 「望江南」 '梳洗罷, 獨倚望江樓. 過盡千帆皆不是'도 위와 같은 감정을 묘사했다.

상대가 나를 그리며 내가 현재 누각에 올라 난간에 기대어 그녀를 생각하는 것을 어떻게 알 수 있는가? 가을의 회포 속에 상사(相思)가 끊임이 없다. '望'자로 시작하여 다시 '望'자로 끝난다. '望'자가 전체 작품을 꿰뚫고 있다. 마지막 '妝樓長望'은 '望'자를 강조한다.

오문영의 「八聲甘州」를 보자.

「八聲甘州」     吳文英  靈巖陪庾幕諸公遊

渺空煙四遠, 是何年、青天墜長星. 幻蒼崖雲樹, 名娃金屋, 殘霸宮城. 箭徑酸風射眼, 膩水染花腥. 時靸雙鴛響, 廊葉秋聲.

宮裏吳王沈醉, 倩五湖倦客, 獨釣醒醒. 問蒼波無語, 華髮奈山青. 水涵空, 闌干高處, 送亂鴉, 斜日落漁汀. 連呼酒, 上琴臺去, 秋與雲平.


아득한 창공 안개 자욱한 천지, 지금은 무슨 해인가? 푸른 하늘 혜성이 떨어졌나. 환상의 검푸른 절벽 높다란 나무가 서시(西施)의 황금으로 지은 집과 부차(夫差)의 궁궐로 변모하였네. 채향(采香)하던 길가엔 화살 같은 찬 바람이 눈을 찌르고 脂粉을 씻어 향이 배어버린 물이 꽃에 배어 누리구나. 때때로 들려오는 원앙화(鴛鴦靴) 끄는 소리 향섭랑(響屧廊)에 낙엽 지는 가을이 오는 소리

궁중의 오왕은 술에 만취하고 다만 오호에서 노니는 범려(范蠡)만 깨어 낚시를 하네. 창파는 물어도 말이 없고 백발의 노인이 청산을 어찌할 것인가? 물속에는 허공이 잠겨 있고 높다란 난간에서 어장으로 떨어지는 까마귀와 석양을 전송하네. 연이어 술을 청하여 琴臺에 오르니 가을빛이 구름과 나란히 있네.


小序에 '靈巖陪庾幕諸公遊'라고 했다. 아마도 蘇州에서 당일 오왕 부차의 館娃宮의 옛 유적지로(庾幕은 아마도 倉漕의 고궁인 것 같다.) 이곳에서는 나는 벼루돌이 매우 유명하다. 또 采香逕이 있어 높은 곳에 올라가 멀리 바라볼 수 있다. 太湖의 경치를 볼 수 있었을 것이다. 이 작품은 夢窓이 그곳에 올라 지은 것 같다. 고독한 정회가 남다르고 당시의 사인들 보다 뛰어나다. 그러므로 사에서 과거를 애석해하며

현실을 슬퍼하는 감정을 표현했다.

세 번째 구절의 '幻' 자는 전편을 포괄한다. 배치는 환상에서 시작하여 환상을 벗어나면서 끝난다. (현실－환상－환각－환상의 경치－현실의 회복) 시공이 모두 환상 속에서 드러나 보인다. 현재와 고대가 모두 어우러져 있다. 그러므로 이 작품의 의미는 "기이한 환상을 추측할 수 없다(奇幻不測)"고 할 수 있다.

첫 두 구절은 하늘가에서 날아와 홀로 우뚝 서 있는 산이 사람들을 무언가 느끼게 한다. 사람을 이끌어 들이는 힘이 있다. 강소성 일대는 산이 작고 태호 주변은 물이 많다. 단지 영암봉(약 360丈)만 높다. 그러므로 보이는 풍경이 묘연하다. 산에 오르기 이전에 이미 환상이 생겼다. (항주는 비래봉이 있다. 철새가 인도에서 날아온다고 전하여 오지만 이 작품은 여기에서 영감을 얻은 것 같다.)

두 번째 구는 이미 완전히 환상에 들어가 있는 상태이며 산은 별들이 땅에 떨어져 이루어진 것이라고 생각한다.

'幻蒼' 구는 별들이 떨어져 산이 된 후에 '幻'자를 사용하여 상하를 연결하고 있다. 매우 적절한 연결법이다. '幻'은 領字句로 去聲이다. 湖水에서 靑天長星을 상상했고 다시 蒼崖雲樹를 상상했다. 미녀가 살던 황금으로 지은 집과 이미 폐허가 된 궁궐을 상상한다. 이런 흐름을 '諸行無常, 一切皆苦(幻).'라는 이치에서 보면 슬픔과 즐거움도 없는 것이며 감정적인 입장에서 이것을 보면 슬픔과 즐거움이 줄줄이 드러난다. 夢窓은 감정적 입장이다.

'箭徑' 구절은 采香涇에서 취한 이름이다. '箭'자에서 '射'자를 떠올린 것이다. 小路는 여전한데 미인은 어떠한가? 그러므로 바람이 매서운 것이 마치 화살을 눈에 맞은 것 같다. 환상에서 다시 현실의 창망함으로 돌아와 과거(서희와 월왕)를 애도한다.

李賀의 「金銅仙人辭歎歌」에서 '東關酸風射眸子'라고 했다. 몽창의 구절은 여기에서 변화한 것이다. '射'자가 순조롭고 잘 어울린다.

'膩水' 구절은 다시 환상에 빠져 夫差의 전성시대를 생각하며 宮女가 구름과 같이 많고 미인의 목욕하는 모습 연지 바르고 화장ᅙ는 모습과 물에 들어간 후에 그것 때문에 오히려 물이 지저분하게 된다. 여기서는 香水溪를 가리킨다. 전설에는 西施가 이곳에서 목욕을 하던 곳이다. 일명 '脂粉塘'이라고도 한다. 杜牧의 「阿房宮賦」에 '渭流漲膩, 棄脂水也'라고 했다. 연지는 색이 붉고 혹 약간 비린내가 난다. 그러므로 '染花腥'이라고 한다. 夢窓은 다른 작품에서 연지를 '璵窓寒玉蘭, 蠻腥未洗'라고 했다. '腥' 역시 '紅脂'를 대표할 수 있다. 이것은 '香水溪'의 '紅花'도 연지에 염색이 되어 냄새가 비린 것이다. 그 의미는 여러 번 우여곡절이 있고 쉽게 상상할 수 없다.

'시삽(時靸)' 두 구절은 여전히 환상에 빠져있다. '靸'은 어린아이의 신발로 가볍게 들 수 있고 경쾌한 의미로 사용한다

'雙鴛'은 고대 있었던 '원앙혜(鴛鴦鞋)'를 말한다. 본 구절은 西施가 조그만 원앙신을 신고 가볍게 회랑을 걸을 때 나는 소리를 환상적으로 그리고 있다.

'낭엽(廊葉)' 구절은 앞에 있는 것이 좋다. 夢窓은 회랑 옆 나뭇잎에서 나는 소리를 듣고 여기에서 서시가 회랑을 걸어오는 소리의 환상에 젖어 든 것 같다.

過片 이후 환상의 정도가 더욱 심하다.

'宮裏'로 시작하는 세 구절은 오왕이 서시 앞에서 만취하여 있는 풍경이다. '倦客'은 범려(范蠡)를 가리킨다. 그는 은퇴한 후 태호에서 생활했

다. 여기서는 또 다른 각도에서 전고를 사용한다. 즉 적지에 있는 冷舟(범려)를 가리킨다(마치 태공이 위수에서 낚시를 하며 주왕을 도와 紂를 멸망시킨 것처럼).

'醒醒' 두 글자는 오왕 부차가 술에 만취한데 반하여 범려는 홀로 깨어있다는 것을 강조한다. 비록 국가의 흥망은 언급하지 않았으나 이미 흥망의 뜻이 여기에 표현되어 있다.

吳王과 西施를 묘사한 이백의 시를 보자.

　　　「烏棲西」　李白
姑蘇臺上烏棲時, 吳王宮裏醉西施.
吳歌楚舞歡未畢, 青山欲銜半邊日.
銀箭金壺漏水多, 起看秋月墜江波.
東方漸高奈樂何?

姑蘇臺에 저녁 까마귀가 돌아오고
오왕은 아름다운 궁월에서 서시에게 취해있네.
오·초의 가무(歌舞) 즐거움이 아직 마치지 않았고
청산은 하늘의 절반을 찌를 듯 높네.
화살 같은 금주전자에 술도 많고 일어나
가을 달을 보니 파도 속으로 지는 구나.
동쪽하늘이 점점 밝아오니 무엇을 하며 즐길까?

하지장(賀知章)은 이백의 「烏棲西」를 귀신을 울게 할 수 있는 작품이라고 평가했다. 시는 황혼에서 새벽까지의 환락을 묘사하고 다른 것은 아무 말도 하지 않았다. 그러나 詩의 진정한 의미는 문자밖에 있다. 시의 모든 언어들이 '풍류를 묘사하지 않은 글자가 없다(不着一字 盡得風流). 이 작품은 음조가 아름다울 뿐만 아니라 전운도 뛰어나다.

「八聲甘州」하편은 범려의 깨어남에서 시작한다. 경치의 묘사가 위의 세 구절을 받고 있다 蒼波는 호수의 물을 말한다. 호수는 홍망을 모두 겪었다.(산에 대한 언급이 없다. 夢窓은 영암봉의 뒤에서 온 것 같다.) 세상만사는 무에서 유로 때로는 유에서 무로 변한다. 인간만사 모두 변화하지만 산의 색채는 항상 푸르다. 나는 이미 백발이 되고 '弔古傷今'을 느껴 환멸이 이와 같다. 그러니 사람이 어찌 견딜 수 있을 것인가? 夢窓은 세기말에 태어나 이러한 감정이 있다.

'華髮' 구절은 행간에 침통하고 처량한 감이 있다.

'水涵' 三句에서 물은 하늘을 포함한다. 杜詩의 '乾坤日夜浮'[21]의 의미와 같다. 그러나 사에서는 두시의 이런 장엄한 어휘를 사용할 수 없다. 孟浩然의 「望洞庭湖增張丞相」시에 '허공을 담아 하늘과 어울리네(涵虛混太淸)'도 사에서는 적당하지 않다. 먼 하늘가에 석양이 지고 까마귀 어지러이 날고 어찌할 수 없는 마음에 는을 들어 쳐다만 본다. 떠나가는 사람은 가고 다시는 돌아오지 않는다. 석양과 어지러이

---

21) 「登岳陽樓」
　　昔聞洞庭水, 今上岳陽樓. 吳楚東南坼, 乾坤日夜浮.
　　親朋無一字, 老病有孤舟. 戎馬關山北, 凭軒涕泗流.
　　일찍이 동정호의 물이 거세다는 소리를 듣고
　　오늘 유명한 악양루에 올랐다.
　　호수는 동남쪽 오·초 지역을 둘로 나눈 듯,
　　하늘과 땅이 밤낮으로 매일 파도에 떠있는 듯하다.
　　친구는 소식도 없고 나는 올해 다병하여 일엽편주에 꿈을 싣는다.
　　관산 이북은 여전히 전쟁을 하고
　　누각에 올라 멀리 바라보며 눈물을 흘린다.

나는 까마귀는 일정한 방향을 말한다. 이 부분은 王勃의 「滕王閣序」 '落霞與孤鶩齊飛, 秋水共長天一色'에서 변화한 것이다. 杜牧의 「登樂遊原」시 '長空澹澹孤鳥沒, 萬古鎖沈向此中'과 작품의 취지가 서로 같다.

'連呼酒' 三句는 제행무상(諸行無常)의 감촉이 남다르다. 길손들을 소리쳐 불러 함께 술을 마시며 걱정을 달랜다(오왕 부차의 만취와 비슷하다). 이렇게 끝없이 슬픈 마음을 달랜다. 그가 술을 마시는 것은 오왕의 음주와 같지만 목적이 다르다. '連' 자는 어찌할 수 없는 모습을 표현한다.

'琴臺'는 명승지로 과거 오왕이 만들었다. 이곳에 오르면 弔古傷今의 의미가 있다. 마지막을 경치로 매듭지었다. 가을날 높은 곳에 올라 과거를 회상하며 가을의 화려한 기운이 온 우주에 가득 차 있음을 느낀다. 마음속에 과거를 애도하며 현재를 걱정하는 감정이 계속하여 용솟음친다. 감정이 가을의 경치 속에 녹아 있다. 그러므로 '秋與雲平'이라고 말한 것이다.

두보는 「公安懷古」에서 '寒天催短日, 風浪與雲平'이라고 했다. 풍랑과 운평은 두 가지 실경(實景)이다. 이는 작가가 직접 경험한 것이므로 잘 이해할 수 있다. 두보의 다른 작품 「自京赴奉先縣詠懷」에서는 '憂端齊終南山'이라고 하여 앞의 작품과는 다소 거리감이 있다.

范成大는 「朝中借」에서 '歸心欲與雲平'이라고 했다.

周密은 「木蘭花慢」에서 '倚闌干暮色與雲平'이라고 했다.

주밀과 오문영은 서로에게 영향을 주었을 것이다. 오문영의 친구 陳允年은 「八寶妝」에서 '望遠秋平'이라고 했다. 당시의 창작 분위기를 알 수 있다. 이상 여러 명의 작품 중에 夢窓의 작품이 비교적 아름답고 우아하다.

吳文英(夢窓)의 사는 사어를 단련하여 정교하고 깊이가 있어 李商隱(義山)의 시와 유사하고 경치의 묘사가 奇麗한 것은 李長吉의 시와 유사하다. 또 음악에 정통한 것은 柳永과 같다.

吳文英은 수식이 없이 아름다운(空靈奇幻) 언어로 깊고 폭 넓은(沈博) 재주를 갖고 있다. 이것은 李商隱 李賀와 유사하다.

清代 戈載는 오문영을 비평하여 다음과 같이 말했다.

"夢窓以綿麗爲尙. 運思深遠, 用筆幽遠, 鍊字鍊句, 迥不猶人. 貌觀之雕繢滿眼, 而虛爲實化, 實有雲氣行乎其間. 細心吟繹, 味美於回, 引人入勝, 旣不病其晦澁, 亦不見其堆垛. 與淸眞白石梅溪同爲正宗, 而稍變面目, 藻采組織, 神韻流轉, 未可妄議其獺祭也."(獺祭: 시를 지을 때 참고서를 좌우에 많이 늘어놓는 것을 비유함)

「八聲甘州」　　蘇東破

有情風萬里卷潮來, 無情送潮歸. 問錢塘江上, 西興浦口, 幾度斜暉? 不用思量今古, 俯仰昔人非. 誰似東坡老, 白首忘機.

記取西湖西畔, 正春山好處, 空翠煙霏. 算詩人相得, 如我與君稀. 約它年東還海道, 願謝公雅志莫相違. 西州路, 不應回首, 爲我沾衣.


사랑스런 바람 만 리 밖의 조수를 몰고 왔다가 무정히도 조수를 다시 돌려보낸다. 묻노니 전당강과 서흥의 포구에서 몇 번이나 석양을 보았는가? 금석지감에 빠질 필요는 없네 잠깐 사이에 옛일이 되고 말 것을 누가 동파의 늙은이처럼 백발이 성성한데 세상일 잊겠는가?

서호의 서쪽 물가를 기억한다. 바로 봄산이 아름다운 곳, 파란 하늘에 안개가 자욱하네. 시인들이 서로 뜻이 통해도 나와 자네 같기는 드물지. 언젠가 뱃길로 동쪽으로 돌아갈 것을 약속하고 사공의 고상한 뜻 어기지 말기를. 서주로에서 고개를 돌려 나를 위해 옷깃을 적실 필요는 없지.

慢詞는 세 번 변화했다. 북송 초기에 창작된 작품이 많이 있지만 대부분이 교방 기녀들의 노래를 위하여 지은 것이다 그러므로 모두 천박한 언어들이 많고 남녀의 사랑 이별의 정을 노래하여 풍격이 높지 않아 이를 병폐로 여기는 사람이 많다.

유영의 사는 성률이 아름다워 사체(詞體)를 발전시켰다. 이 시기에 이르러 작가들은 막히고 눌렸던 감정을 발휘할 수 있었다. 蘇東坡는 유영을 이어서 자신의 무한한 회포를 서술했다. 그리고 사의 내용과 형식에 개혁을 하여 더욱 충실하게 했다. 유영의 만사는 보편적인 것을 추구하여 내용이 남녀의 사랑이 많지만 동파는 자신의 손으로 자신의 마음을 묘사하여 초연히 세속을 떨치고 인격 회포 학문 흉금 등을 묘사하여 모두 타인보다 뛰어났다.

「八聲甘州」는 유영이 처음으로 지었다. 그러나 소동파의 「八聲甘州」는 음률에서 해방되어 가사가 음률에 구애를 받지 않고 있다. 「八聲甘州」는 吳文英 때에 유행했다. 소동파는 이 작품을 56세에 錢塘에서 지었다. 그는 중앙의 한림학사로 가고자 하는 바람이 있었다.

소동파의 시를 읽어보면 항상 신선이 세속으로 나온 감이 있어 흥취가 유별나다. 기탁한 의미가 高遠하고 운필이 수식이 없고 영험(運筆空靈)하다. 당시의 사람들이 그를 坡仙이라고 불렀는데 부끄러움이 없다. 사가 그의 손에 들어가면 '낯선 세계가 홀로 열리고 또 다른 새로운

세계를 연다(生面獨開, 別開生面)'. 사는 동파에 있어서 두보와 같으며
'모든 사물과 생각을 다 시로 쓰다(無一事一意, 不可入詩)'라는 경지이
다. 만사는 소동파에 이르러 풍격과 기상이 높고 커졌으며 그 능력을
타인에게 인정받았다. 동파는 감정에 따라서 뜻을 묘사했고 성률과의
일치를 추구하지 않고 악기와도 맞추려하지 않았다. 이에 대하여 放翁
이 말하기를 "자르고 붙이는 것을 좋아하지 않아 그대로 성률에 맞추었
다(不喜剪裁, 以就聲律耳)"고 했다. 그러므로 음률은 소동파를 구속할
수 없다고 말할 수 있다. 그는 성률미를 버리고 詞情을 따른 것이다.
그러나 그의 작품 중 일부분은 여전히 음률에 적합하다. 오늘날의 문학
적 관점에서 보면 사가 음악과 분리된 이후 소동파의 작품을 읽어보면
더욱 통쾌하고 걸출한 감을 느끼게 한다.


## 8  주방언(周邦彦)

周邦彦(1056－1121)은 북송 말기의 사인으로 자는 美成 호는 清眞
居士라고 한다. 錢塘 사람이다. 소년시절 개성이 비교적 소탈하고 독서
를 좋아하여 「汴都賦」를 지어 사람들의 추천을 받아 太學正이 되어
太學에서 학생을 가르쳤다. 宋 徽宗 때 周邦彦은 大晟府가 되었다.
周邦彦의 사는 작가가 원래 박학다식하여 모든 지식이 그의 작품에
녹아들었다. 「少年遊」는 그의 풍격을 보여주는 가장 대표적 작품이라
고 할 수 있다.
중년 이후 그는 점차 뜻을 이룰 수 없음을 알고 침울한 기풍으로

변화한다. 王國維는 그를 '詞中老杜'라고 했고 夏敬觀선생은 그를 '詞中之聲'이라고 불렀다.

세인들은 주방언의 업적을 논할 때 그가 사를 '집대성(集大成)'했다고 한다. 이는 사단에서 그가 차지하는 비중을 대변해 주는 말이다. 그러나 그의 작품은 주로 염정을 다운 완약한 사를 위주로 하기 때문에 호방한 면에서 보면 집대성이란 말은 다소 과장된 면이 있다. 그럼에도 불구하고 그가 송대 사단에서 이룩한 업적은 괄목할 만하다.

첫째. 주방언은 음률에 정통하였으므로 사악(詞樂)을 발전시켜 사의 형식상의 다양화를 이루었다.

둘째. 장조(長調)의 기교를 발전시켜 사물을 묘사할 때 수사의 기교를 완벽하게 할 수 있었으며 정교한 경지에 이르도록 했다.

셋째. 풍격이 혼후(渾厚)하고 우아하여 고상한 사람과 저속한 사람이 함께 즐길 수 있다.

넷째. 전인의 시구를 잘 운용하여 한 마디 한 마디 모두 다 내력이 있다. 이는 사의 품격을 높였다고 할 수 있다.

주방언의 사는 사의 장법(章法)과 구성이란 측면에서 유영 사가 직설적 표현에 치우쳐 변화가 결핍된 현상을 대폭 개선하였다. 그의 개선을 거친 후 만사는 보다 여유를 갖고 농후한 필치를 드러내게 된다. 아래에 「瑞龍吟」을 예로 든다.


「瑞龍吟」    주방언

章臺路. 還見褪粉梅梢, 試花桃樹. 愔愔坊陌人家, 定巢燕子, 歸來舊處. 黯凝佇. 因記箇人癡小, 乍窺門戶. 侵晨淺約宮黃, 障風映袖, 盈盈笑語.

前度劉郎重到, 訪鄰尋裏, 同時歌舞, 惟有舊家秋娘, 聲價如故. 吟箋賦筆, 猶記燕臺句. 知誰伴、各園露飮, 東城閒步. 事與孤鴻去. 探春儘是, 傷離意緖. 官柳低金縷. 歸騎晩, 纖纖池塘飛雨. 斷腸院落, 一簾風絮.

章臺路에는 아직 색 바랜 분 같은 매화나무 가지, 갓 피기 시작한 복숭아가 서 있고 조용한 길가의 가옥들은 둥지를 정한 제비가 옛집으로 돌아왔네. 암담한 마음으로 우두커니 서서 철없고 어린 한 사람을 생각하고 문틈으로 들여다보았지. 새벽에 노란 분을 엷게 바르고 바람을 막느라 옷소매를 추켜올리고 활짝 웃으며 이야기했지.

전번의 유랑이 다시 와 이웃 마을을 널리 찾았네. 과거 함께 가무를 하던 사람 중에 오직 秋娘만 명성이 여전하단다. 시 짓는 종이에 붓을 놀리는데 秋娘은 아직도 燕臺句를 기억하고 있네. 그녀는 누구와 짝을 지어 유명한 정원에서 술을 마시며 동성을 한가로이 산보하는지 모르겠네. 과거는 외로운 기러기와 더불어 날아가고 봄나들이 온통 이별의 슬픔뿐이네. 큰길가의 버드나무 황금 실을 드리웠네. 뒤늦게 말 돌려 돌아오니 연못에는 부슬부슬 가랑비가 내리네. 애끓는 정원에 버들솜털이 바람에 날리네.

이 작품은 주방언을 대표하는 작품이다.

'前度劉郎重到'는 劉義慶의 『幽明錄』에 기록된 東漢의 劉晨이 天臺山에서 선녀를 만난 사건을 말한다. 이에 대하여 劉禹錫의 「再游玄都觀」에서는 "복숭아를 심는 도사는 어디로 갔나? 이전의 유랑이 지금 또 왔네(种桃道士歸何處, 前度劉郎今又來)"라고 했다. 여기서

劉郎은 작가 자신을 비유한다.

'燕臺'는 당나라 李商隱의 전고가 있다. 당시 洛陽의 명기로 柳枝라는 기녀가 있었다. 그녀는 시와 음률에 능하여 가녀린 소리로 李商隱의 시「燕臺」를 노래했다.

송나라가 망한 후에도 북경에서 항주 소주까지 기녀들은 아직 주방언이 지은 곡조를 노래하는 것을 자랑으로 생각했다. 장염(張炎)의「國香」詞 서문에 "심매교(沈梅嬌)는 항주 기생이다. 갑자기 서울에서 만나게 되어 술잔을 잡고 서로 노고를 위로했는데 그녀는 아직도 주방언의「의난망(意難忘)」과「臺城路」두 곡을 부를 줄 알았다."라고 했다.

이와 같이 주방언은 남송 사단에서 매우 높게 평가를 받았으며 그가 완약한 사를 위주로 지었고 사의 품격이 우아한 사(雅詞)를 좋아했으므로 주방언 이후 완약사(婉弱詞)는 모두 우아한 작품으로 취급을 받게 되었다. 이는 북송 초기 문인들이 사를 소사(小詞)로 부르며 경시했던 풍조와 비교해 보면 상전벽해의 감이 있다.


「蘭陵王」　　주방언

柳陰直, 煙里絲絲弄碧. 隋堤上, 曾見几番. 拂水飄綿送行色. 登臨望故國, 誰識京華倦客? 長亭路, 年去歲來, 應折柔條過千尺.　閒尋舊踪迹, 又酒趁哀弦, 燈照離席. 梨花楡火催寒食. 愁一箭風快, 半篙波暖. 回頭迢遞便數驛, 望人在天北.　　凄惻, 恨堆積. 漸別浦縈回, 津堠岑寂, 斜陽冉冉春無极. 念月榭携手, 露橋聞笛. 沈思前事, 似夢里, 淚暗滴.


버드나무 가지 곧게 그림자 드리우고 아지랑이 속에 줄줄이 푸름을 자랑하네. 수나라 제방에서 물결을 스치고 떠나는 배 버들솜 날리며 이별하는 정경을 몇 번이나 보았을까? 높은 곳에 올라 멀리 고향을 바라보지만 누가 알리 서울 생활에 지친 나그네인 줄. 長亭이 있는 길에 한해가 가고 또 한해가 오는 동안 부드러운 버들가지 천길도 넘게 꺾었으리.

　지난날 발자취를 한가로이 더듬고 또 술을 마시며 슬픈 음악을 듣는데 등불은 이별의 자리를 비추네. 배꽃과 느릅나무로 불 때는 한식철을 알리네. 배는 바람 부는 화살처럼 빨리 달리고 노는 반쯤 따스한 물에 잠겼네. 고개 돌리니 아득하게 나루터를 여럿 지났고 나를 바라보는 그대는 아득히 하늘 북쪽에 있네.

　가슴 아프고 한이 쌓인다. 점점 이별의 포구는 돌아서 사라지고 나루터 망대만 높아 쓸쓸해 보이고 석양은 뉘엿뉘엿 봄은 그지없구나. 생각해보면 달빛 비추는 정자에서 손을 잡고 이슬 내린 다리에서 피리를 들었지. 지난 일들을 깊이 생각하면 꿈과 같아 눈물이 저절로 떨어진다.


　'故國'은 고향이나 과거 유람하던 곳을 가리킨다.
　'초체(迢遞)'는 요원한 것을 말한다.
　'진후(津堠)'는 나루에서 제공하는 경치를 조망하며 쉬는 장소이다.

## 9　소식(蘇軾: 東坡)

　소식(1037-1101) 자는 子瞻 호는 東坡居士라고 한다. 眉山 사람이

다. 문집으로 『東坡集』이 있다. 그는 당송팔대가의 한 사람으로 산문 시 사에 모두 높은 성취를 이루었다. 그는 吳道子의 그림을 '出新意于 法度之中, 寄妙理于豪放之外'라고 비평한 적이 있다. 이런 비평은 그의 시문 속에도 그대로 적용된다. 그의 사는 송대 豪放派의 문호를 열었다.

소식은 신기질과 더불어 호방파 사단의 영수이다. 그는 모든 소재를 다 시로 노래할 수 있었다는 평을 받는다. 그만큼 사의 소재의 범위를 확장했다는 의미이다. 반면에 음률과 형식에 구애를 받지 않고 시를 짓는 방식으로 사를 지었다는 평가도 있다. 여기서는 이런 점들에 주의 하여 소식의 작품을 보자.

「水調歌頭」 蘇軾 丙辰中秋, 歡飮達旦, 大醉, 作此篇兼懷子由
明月幾時有, 把酒問靑天. 不知天上宮闕, 今夕是何年. 我欲乘風歸 去, 又恐瓊樓玉宇, 高處不勝寒. 起舞弄淸影, 何似在人間.
轉朱閣, 低綺戶, 照無眠. 不應有恨, 何事長向別時圓. 人有悲歡 離合, 月有陰晴圓缺, 此事古難全. 但願人長久, 千里共嬋娟.

명월은 언제부터 있었는지? 술잔을 잡고 푸른 하늘에 묻는다. 천상의 궁궐은 오늘 저녁이 언제인지 모르네. 바람을 타고 돌아가고 싶지만 옥으로 지은 집이 너무 높아 추위를 이기지 못할까 두렵네. 일어나 춤추면 그림자도 춤을 추니 이것이 어찌 인간세상인가? 달은 붉은 누각을 돌아 비단 문에 낮게 드리워 잠 못 이룬 사람을 비추네. 달은 원한도 없을 텐데 무슨 일로 이별에 맞추어 둥글게 되나?

「念奴嬌」　蘇軾

大江東去, 浪淘盡, 千古風流人物. 故壘西邊, 人道是, 三國周郎赤
壁. 亂石穿空, 驚濤拍岸, 捲起千堆雪. 江山如畫, 一時多少豪傑.

遙想公瑾當年, 小喬初嫁了, 雄姿英發. 羽扇綸巾, 談笑間, 檣櫓
灰飛煙滅. 故國神遊, 多情應笑我, 早生華髮. 人間如夢, 一尊還酹江月.

장강은 세차게 동으로 흐르고 파도는 천고의 영웅호걸을 씻어
내린다. 옛 보루 서쪽 사람들은 말하네. 삼국시대 주유의 적벽이라
고. 산위 어지러운 돌은 하늘에 닿았고 놀란 파도 강 건덕에 부서지며
흰 파도를 천 길이나 말아 올리네. 강산은 그림과 같고 한때 영웅호걸
이 얼마나 많았던가?

멀리 주유의 그 당시를 생각하네. 小喬가 처음 주유에게 시집왔었
고 주유의 웅장한 자태가 빛이 났었지. 깃 달린 부채에 윤건을 쓰고
담소를 하는 사이 강한 위나라의 수군은 불에 타서 한줌의 재가
되었지. 고국으로 마음을 달린다. 다정한 그대 분명히 웃을 거야
흰머리가 일찍 났다고. 인간세상 꿈과 같아 술 한 잔을 강에 비친
달에게 따르네.

위의 두 작품은 소식의 대표작으로 호방한 작품들이다.

「卜算子」　蘇軾

缺月挂疏桐, 漏斷人初靜, 誰見幽人獨往來? 縹緲孤鴻影.

驚起卻回頭, 有恨無人省, 揀盡寒枝不肯棲, 寂寞沙洲冷.

초승달 성긴 오동나무에 위에 걸리고 물시계는 끊기어 인적도

없이 고요하네. 누가 그대 홀로 다니는 것을 보겠는가? 멀리 외로운 기러기 그림자 드리우네.

놀라 일어나 고개를 돌리니 아무도 아는 이 없어 서글프네. 기러기는 차가운 가지를 고르며 깃들려 하지 않고 고요한 삼각주 차갑기만 하네.

「卜算子」는 위의 두 수 호방한 사와는 분위기가 사뭇 다르다.

'幽人'이나 외로운 기러기는 자신이 귀양 가는 것을 암시하는 것 같다. 이런 마음을 아무도 몰라주어 자신의 외로움을 처연하게 표현했다.

이제 소식이 당시 사단에서 비평을 받던 성률을 무시하고 시를 짓는 방법으로 사를 지었다는 말을 구체적으로 살펴보자.

　　　「歸朝歡」　　和蘇堅伯固
　我夢扁舟浮震澤, 雪浪搖空千頃白. 覺來滿眼是盧山, 依天無數開青壁. 此生長接淅, 與君同是江南客. 夢中遊, 覺來清賞, 同作飛梭擲.
　　　明日西風還掛席, 唱我新詞淚沾臆. 靈均去後楚山空, 澧陽蘭芷無顏色. 君才如夢得, 武陵更在西南極. 竹枝詞, 莫傜新唱. 誰謂古今隔?

나는 꿈속에서 쪽배를 타고 태호(震澤)를 유람하네. 천길이나 되는 흰 파도가 허공에서 춤을 춘다. 문득 눈 안 가득히 盧山의 아름다운 경치를 깨닫는다. 안개구름 걷히자 무수한 청산은 하늘을 찌를 듯 솟아있네. 나는 이번에 크게 낭패하여 그대와 같은 강남의 객이 되었네. 꿈속에서 유람하며 아름다운 호수와 산의 절경을 감상하네, 이런 순간들은 마치 나르는 북처럼 눈 깜짝할 사이에 지나갔다.

　내일 서풍에 배를 타고 떠난다. 내가 지은 새 노래를 부르니 눈물이 가슴을 적시네. 굴원이 떠난 후 초나라 산하는 텅 비었지, 충신인 그대가(蘇伯固) 澧陽으로 부임하며 안색이 굳었네. 그대의 재주는 유우석(夢得)과 같고 武陵은 서남의 끝에 있네. 竹枝詞를 생각하고 莫傜족의 새로운 노래를 짓게나. 누가 고금(古今)이 닥혔다고 하는가?

　사의 상편은 작가가 伯固와 같이 여산을 유람하며 느낀 소감을 묘사한다.

　'震澤'은 太湖를 말하고 '覺來' 두 자는 여산의 아름다운 경치를 말하며 첫 구절의 '夢'자와 반대로 현실세계로 돌아온 것을 의미한다.

　접석(接淅)은 관료생활의 부침(浮沈)을 말한다. '接淅'은 『孟子·萬章下』에 "孔子之去齊, 接淅而行"이란 내용을 전고(典故)로 사용한 것이다. 즉 공자가 제나라로 가는 도중에 쌀을 일어 밥을 지으려는데 쌀도 다 씻기 전에 짓는데 그를 붙잡아 갔다. 그러므로 여기서는 소동파가 귀양을 가게 된 낭패한 모습을 말한다.

　'비사(飛梭)'는 경치를 즐기던 시간이 매우 짧은 것을 말한다.

　過片은 伯固를 격려하는 것으로 시작한다. 작가와 伯固는 우의가 돈독하여 서로 이별할 때마다 시를 지어 기념했다. 지금 蘇伯固는 임지 澧陽으로 떠나게 되었다. 그러므로 '明日' 구절은 송별을 의미한다.

　'挂席'은 '挂帆'이 맞다. 배를 타고 서남으로 항해하는 것이다.

　'靈均'은 '屈原'의 별명이다. '澧陽蘭芷'는 '沅芷澧蘭'을 의미한다. 이런 것들은 굴원의 인격을 보여주는 향초이다.

　'君才' 구절은 劉禹錫 사건을 빌어 蘇堅의 소망을 묘사했다. 劉禹錫은 王叔文의 개혁정치에 참가하였다가 朗州司馬로 좌천되어 武陵에서 십년을 살았고 후에 다시 夔州의 刺使로 부임했다. 그는 夔州에서 屈原이 거주하던 沅湘에 거주하며 굴원이「九歌」를 창작한 정신을 본받아 파투(巴渝) 지역의 민가인「竹枝」를 빌어「竹枝詞」9수를 지었다. 이는 사체의 발전에 긍정적인 역할을 하였다. 소동파는 이런 역사적 사건을 들어 오랜 친구가 역경에서 굴원과 유우석처럼 다시 성공하기를 기원하는 것이다.

'誰謂古今隔'은 謝靈運의「칠리뢰(七里瀨)」시 '誰謂古今殊, 異代可同調.'에서 변형된 것이다.

이 작품은 사의 품격이 높고 건전하다고 하겠다. 고풍(古風)과 매우 유사한 품격이다. 그러나 이것을 고풍으로 고치면 혹은 고풍과 비교하면 이류 작품으로 되어 버린다. 고시와 율시는 음조가 달라서 모두 고건(高建)함을 드러낸다. 그러나 사는 음조가 조화를 이루어야 하며 약간의 변화의 여지도 없다.

또 평성과 측성을 통압한 예를 보자.

「西江月」  소식

照野瀰瀰淺浪, 橫空隱隱層霄. 障泥未解玉驄驕, 我欲醉眠芳草.

　可惜一溪明月, 莫敎踏破瓊瑤. 解鞍欹枕綠楊橋, 杜宇一聲春曉.

달빛이 들판과 옅은 강물을 비추고 하늘은 은은하게 밝아온다. 안장을 풀지 않은 천리마, 나는 취하여 숲에서 잠들었네.

시내에 비친 명월이 애석해하니 물에 들어가 달을 깨지 말게나. 녹음이 우거진 다리 밑에서 안장을 풀어 베개를 삼고 두견새 우는 소리에 봄이 밝는다.

　이 작품은 평측(平仄)이 통압(通押)한다. 시는 평측을 통압할 수 없으나 곡(曲)은 할 수 있다. 사(詞)는 소수가 가능하지만 그러나 확고한 규칙이 있다. 위에서 인용한 사는 '草', '曉'는 그 자리를 반드시 측성을 사용하여야만 한다.

　「西江月」의 곡조는 창작하기가 쉽지 않다. 쉽게 전사(塡詞)할수록 속(俗)한 곳에 빠지기가 쉽다. 희곡에서 이것을 인자(引子)로 사용한 것이 있는데 이것은 속조이다. (곡에는 인자가 있고 정문 미성의 세부분이 있다)

## ⑩ 이청조(李淸照)

　李淸照(1182-?)는 중국이 낳은 최대의 여류작가 중 한명이라는 평가를 받는다. 그녀의 개인적인 삶은 불우했으나 李淸照가 사망 후 중국인들에게 끼친 영향은 그녀가 살았을 때 보다 더 크다.

　그녀는 스스로 호를 易安居士라고 불렀다. 말년에 나이가 50세가 되어도 자녀가 없었다. 혹자는 이청조가 재가를 하였다고 하지만 억측에 불과하다. 그녀의 사집으로 『漱玉集』이 있다.

　　　「聲聲慢」　李淸照
　尋尋覓覓, 冷冷清清, 淒淒慘慘戚戚. 乍暖還寒時候, 最難將息. 三杯兩盞淡酒, 怎敵他晚來風急! 雁過也, 正傷心, 却是舊時相識.
　滿地黃花堆積, 憔悴損, 如今有誰堪摘? 守着窗儿 獨自怎生得黑! 梧桐更兼細雨, 到黃昏, 點點滴滴. 這次第, 怎一个愁字了得!

찾고 또 찾아도 싸늘하여 불쌍히 으슬으슬 떨며 근심하네. 잠시 따스하다 또 추워지면 가장 견디기 힘드네. 두서너 잔 맑은 술 마셔보지만 어찌 저녁의 된 바람을 견디리. 기러기 날아가 마음 상하지만 그래도 기러기는 지난 날 아는 사이지.

온 땅에 누런 국화 가득하게 쌓이고 가지에 달린 꽃은 초췌하여 지금 그 누가 따려고 하나? 창가를 지키며 홀로 어둡기를 어찌 기다리나! 오동잎에 다시 가랑비 내리고 황혼이 되자 방울방울 털어진다. 지금 내 상황을 근심 수(愁)자 한자로 어떻게 나타내나!

'將息'은 휴양을 한다는 의미이다.

'즘생(怎生)'은 송대의 구어체로 현대 중국어의 '怎樣', '怎麼'에 해당한다. '這次第'는 계속되는 상황을 표현한다. 우리말의 '이 차제에' 라는 말로 사용된다.

이 작품은 李清照가 남도(南渡)한 이후 사단을 떠들썩하게 만든 작품이다. 그녀는 가을 경치를 통하여 망국과 천애의 고아가 된 슬픔을 표현한다. 개인적이며 시대적인 슬픔을 나타낸 것이라고 할 수 있다. 구조적으로도 上下片의 제한을 무시하고 전체적으로 一氣가 근심과 걱정으로 관통하여 사람을 감동시킨다.

첫 구절에 연속하여 14개의 疊字를 운용하여 작가의 심정을 그림을 보듯이 묘사했다. 작가의 첩자에 대한 평가는 周濟의 『介存齋詞選序論』에서 말한 "李清照의 '凄凄慘慘戚戚' 구절은 3첩운 6쌍성으로 힘든 단련으로 얻은 것이지 결코 우연히 얻은 것이 아니다(李易安之'凄凄慘慘戚戚', 三疊韻, 六雙聲, 是锻炼出來, 非偶然拈得也.)"가 가장 타당하다고 하겠다.

「如夢令」　　李淸照

常記溪亭日暮, 沈醉不知歸路, 興盡晚回舟, 誤入藕花深處. 爭渡, 爭渡, 驚起一灘鷗鷺.

항상 溪亭에서 놀던 것을 기억하지. 한번 놀면 날이 저물 때까지 심취하여 돌아갈 길조차 알지 못했지. 흥이 다하여 배를 타고 돌아가는 길에 연꽃이 만개한 곳에 잘못 들어갔네. 모두 열심히 노를 저어 벗어나려하다가 오히려 물가의 해오라기만 가득히 놀라 날아오르네.

「如夢令」은 과거를 회상하는 작품이다. 현존하는 李淸照의 「如夢令」은 두 수가 있으며 모두 여행을 가서 술 마시고 논 것을 묘사한다.

'溪亭'은 물가 근처의 정자를 말한다.

'爭'은 현대 중국어의 '怎'과 같다.

'常記'는 평범하지만 작가가 늘 마음에 두고 있는 것을 말하고 있다.

'溪亭'은 장소를 '日暮'는 시간을 나타낸다. 李淸照는 연회가 끝난 후 취하여 집으로 돌아가는 길조차 알 수 없었다. 그러다 '興盡'한 곳에 이르러 다시 '誤入'하는 흥미진진한 일이 생겼다. 작가는 자신의 상황을 잊고 이런 아름다운 경치를 즐기고 있다.

「絶句」　　李淸照

生當作人杰, 死亦爲鬼雄. 至今思項羽, 不肯過江東.

살아서는 인간세상의 영웅이 되고 죽어서도 귀신세상의 영웅이 돼야지. 지금 항우가 자살하기 전 강남으로 가려하지 않던 것을 떠올린다.

항우는 강남으로 피하여 위기를 모면하라는 부하들의 간언에 강남의 백성들을 볼 면목이 없다고 스스로 자살을 했다. 작가는 이 상황을 노래하며 항우의 기개를 찬양한 것이다.

송대 여성의 작품이라고 보기에는 기개가 뛰어나다. 그녀의 사는 이런 기풍을 갖고 있어 당대 소동파와 가히 자웅을 겨룰 만 하다고 하겠다.

## (11) 신기질(辛棄疾)

辛棄疾(1140-1207)은 남송을 대표하는 사인이다. 자는 幼安 호는 稼軒이다. 歷城 사람이다. 그가 태어날 때 고향 山東은 이미 金나라의 수중에 있었다. 그는 21세에 의병을 조직하여 금나라에 대항하였고 평생토록 국토회복을 운명으로 알고 살았다. 그의 사집으로는 『稼軒詞長短句』가 있다.

송이 남도한 후에 강남은 평안하였으나 국세가 미약하여지고 중원은 질서를 잃어 국가가 존망의 위기에 처하여 있을 때 가장 비분강개하고 격앙된 소리를 낸 사람으로 온몸에 뜨거운 피가 들끓어 이를 사로 표현했다. 그러므로 사에서도 호방파가 출연하게 되었다.

이 당시의 사인들은 정치와 관계가 많다. 예를 들어 武穆, 張孝祥, 劉過, 陳亮, 葉夢得 등은 여러 차례 영웅적이고 억눌린 불편한 심기를 사로 표현했다. 그중에 신기질이 최고이다. 그의 사는 처량하고 격장(激

壯)하며 감정이 응어리진 듯 침울(盤鬱)하며 고통에 괴로워하는 것을 표현했다. 이런 영웅이 감정을 절절히 표현하여 후인이 그를 평하기를 '橫絶萬古, 別有天地'라고 했다. 그의 업적이 호방파의 여러 사람들을 능가한다. 신기질의 사는 호방할 뿐만 아니라 沈鬱하다. 晩年에는 剛으로 柔를 표현하여 강함과 부드러움이 작품에서 서로 어울린다. 소위 '강철을 수 없이 담가 손가락을 두를 정도로 부드럽게 단들었다.(百鍊鋼化爲繞指柔)'가 그것이다.

　　「永遇樂」 京口北固亭懷古
　千古江山, 英雄無覓, 孫仲謀處. 舞榭歌臺, 風流總被雨打風吹去. 斜陽草樹, 尋常巷陌, 人道寄奴曾住. 想當年, 金戈鐵馬, 氣吞萬裏如虎. 　　元嘉草草, 封狼居胥, 贏得倉皇北顧. 四十三年, 望中猶記, 烽火揚州路. 可堪回首, 佛貍祠下, 一片神鴉社鼓. 憑誰問, 廉頗老矣, 尚能飯否?


　천고 강산에 손권 같은 영웅을 찾을 곳이 없네. 춤을 추며 노래하고 놀던 누대에 풍류는 모두 비바람에 씻기어 사라졌네. 초목을 비추는 석양의 거리는 일찍이 기노(寄奴 송나라 武帝 劉裕의 字)가 살던 곳이라 하네. 당시 일을 생각하면 번쩍이는 금빛 창과 무장한 말로 기운이 호랑이처럼 만리를 삼키네.
　元嘉시절에 경솔히도 狼居胥 산에서 감사제를 지내려다 창황하게 북쪽을 바라보는 꼴이 됐네. 사십삼 년 전의 일이 아직도 기억이 나네. 양주로에 봉화가 오르던 일을 어찌 고개 돌려 쳐다볼 수 있으랴? 佛貍祠 아래에서 울어대는 까마귀와 사당의 북소리,

누구에게 물어보리? 廉頗는 비록 늙었지만 아직까지 밥을 잘 먹는 지를?

　이 작품은 작가가 66세에 지은 것이다. 신기질은 68세에 사망하였으니 영웅 말년의 심정을 이 작품에서 보는 듯하다.

　　　「生査子」　　題京口郡冶塵表亭
　悠悠萬世功, 吃吃當年苦. 魚目入深淵, 人自居平土.　　　紅日
又西沈, 白浪長東注. 不是望金山, 我自思量禹.

　지난날 수 많은 공로 당시 괴로움을 견디었지. 고기는 심연에 살고 사람은 땅에서 살지.
　붉은 태양이 또 서쪽으로 지고 흰 물결 길게 동쪽으로 흐르네.
　금산을 바라보는 것이 아니라 나는 우임금을 생각하네.

　사람은 비록 늙었지만 용맹한 모습은 그대로이다. 사에서 영웅호걸의 기개가 도처에 깔려 있다. 장수가 해가 저물어 감을 슬퍼하는 감정이 침울하다. 마지막 구절에 자신을 우임금에 비유하고 있는 상황으로 보아 자신이 비록 늙었지만 공을 세우고자 하는 마음이 있다. 「永遇樂」과 같은 시대의 작품이다.
　孫權은 처음에 오현(吳縣)에 도읍을 정하고 후에 경구(京口)로 천도했다가 다시 남경으로 옮겼다. 그러므로 경구는 사실 손권이 개발한 곳이다. 신기질은 이곳에 올라 그 사람을 생각했다. 신기질은 「南鄕子」에서 다음과 같이 노래했다.

何處望神州? 滿眼風光北固樓. 千古興亡多少事? 悠悠, 不盡長江滾滾流.　　　年少萬兜鍪, 坐斷東南戰未休. 天下英雄誰敵手? 曹劉, 生子當如孫仲謀.

어느 곳으로 중국을 바라볼까? 눈에는 온통 북고루의 풍경뿐. 천고에 많은 일이 흥망을 거듭해도 유유히 흐르는 장강은 도도하여 끊임이 없네.

젊어서는 일만의 군사를 거느리고 동남쪽 점거하고 쉬지 않고 싸웠네. 천하의 영웅 중 누가 대적하리? 조조와 유비라네, 아들을 낳거든 손중모를 닮아야지.

작가가 말하는 위와 같은 영웅호걸들도 이미 세월을 따라 모두 사라져 버렸다. 이런 현실을 보며 자신의 무능과 불우함을 괴로워한다.

'舞榭' 구절은 오늘날 北固京口가 이미 황량한 모습이며 당시의 번화함과 반대인 것을 묘사하고 당시의 중모와 같은 풍루의 모습도 이미 사라져버렸다. 중모는 이미 잊혀지고 과거의 번영도 유수와 같이 흘러갔다.

'斜陽' 구절에서 유유(劉裕)는 京口 사람이었다. 그는 일개 평민으로 南燕과 姚秦(위진 남북조시기 북로 16국 중의 한 나라)을 멸망시켰다. 지금 그곳은 단지 일상적인 골목으로 수풀에 노을이 진다. 당시 유유가 이곳에서 살았다고 하지만 지금은 흔적도 없다.

'元嘉' 구절은 역사적 사실을 말한다. 유유가 진을 찬탈하고 사망하자 그의 아들이 왕위에 올랐으나 곧 폐위되었다. 또 다른 아들(宋 文帝)이 즉위했다. 그는 元嘉 八年에 북벌을 하여 金나라에 대패했다. '草草' 두자는 북벌에 아무런 준비가 없었음을 말한다.

'낭거서(狼居胥)'는 산 이름이다. 위청곽(衛靑霍)이 이곳에서 흉노를 정벌하고 봉선을 올렸다. 송문제도 이곳에서 봉선을 하려는 욕망이 있었으나 무능하여 어쩔 수 없이 대패한 것이다. 송 태조(太祖)의 시에 '北顧涕交流'라고 했다. '倉皇逃回, 有北顧之憂'라는 의미이다. 그러므로 신기질은 '北固樓'라고 말한 것이다

'四十三' 구절은 신기질이 23세 때에 군대 2000명을 이끌고 남하한 것을 말한다. 그는 43년 후 이 누각에 올라 당시 揚州를 지나던 상황을 회상한다. 당시 그는 영웅의 높은 포부를 가지고 佛貍祠를 지나며 성대하게 제사를 지내는 것을 보았다. 그러나 지금은 황무지로 변했다.

'憑誰' 구절은 국토수복의 마음은 여전하고 당시에 신기질은 남쪽으로 피난을 하였고 지금은 북쪽을 쳐다본다. 여전히 국토수복의 꿈이 있다. 그러나 자신의 이러한 의지를 실천할 수 있을지 알지 못한다.

廉頗는 전국시대 趙나라 사람이다. 후에 모함을 받았다. 조왕은 그를 다시 복직시키고자 하여 魏大梁에 사람을 보내어 상황을 알아본다. 염파는 식사 때 쌀을 한말 고기를 10근 먹고 갑옷을 입고 말을 탈 정도로 건강하다. 그러나 염파의 원수가 사자에게 뇌물을 주어 '염파가 하루에 세 번 화장실을 간다.'라고 보고하여 결국 중용되지 못했다. 신기질이 비록 공을 세우고자 하나 지금은 아무도 나에게 와서 국가를 위해 공을 세울 수 있을 지를 묻지 않는다는 의미이다. 명승고적지에 가면 영웅의 느낌으로 영웅을 생각하며 자신이 이미 늙어 공적을 세울 수 없음이 더욱 처량하다. 눈에 보이는 북방은 모두 황량하여 마음이 너무 괴롭다. 나라에 도움이 되기를 원하지만 중용되지 않는 장수의 말년 심정은 짐작할 만하다. 이 작품은 것 모습만 호탕한 것이 아니다. 전고의 사용이 많음에도 불구하고 기세가 왕성하다. 큰 능력이 없으면 모방을 할 수

없다.

　신기질은 호방한 작품을 많이 지었으나 완약한 작품도 있다. 그의 농촌을 묘사한 작품을 한번 보자. 송사에서 농촌을 묘사한 작품은 그리 많지 않다. 신기질 이전에 단지 북송 소식의 5수「浣溪沙」가 농촌을 그린 가장 유명한 작품이다. 신기질은 上饒, 鉛山 일대에 한거하면서 농촌과 접촉할 기회가 많았다. 농촌의 생기 발랄함과 검소한 생활 자연 풍경이 그를 이끌어 이런 농촌을 묘사하는 작품을 짓게 한 것이다. 신기질의 농촌사는 언어가 청신하고 사실적인 묘사를 위주로 한다. 또한 신기질이 즐겨 사용하던 전고도 여기서는 별로 보이지 않는다.


　　　「鷓鴣天」　　代人賦
　陌上柔條初破芽. 東隣蚕种已生些. 平岡細草鳴黃犢, 斜日寒林點暮鴉.　　　　　山遠近, 路橫斜. 青旗沽酒有人家. 城中桃李愁風雨, 春在溪頭野薺花.


　밭에 있는 뽕나무는 처음으로 새싹을 피웠고 동쪽 이웃집의 누에도 이미 부화하기 시작했다. 평평한 언덕위에 푸른 풀들이 가득하고 풀을 먹는 송아지가 즐겁게 소리 지른다. 아직 차가워 보이는 숲 속에 석양이 지고 집으로 돌아가는 까마귀는 가지 끝에서 점점이 날아간다.

　저녁노을에 가까운 산과 먼 산이 연이어 있다. 길들은 굽이굽이 서로 교차한다. 길가에 푸른 깃발이 펄럭인다. 술을 파는 집이다. 성중의 복숭아꽃과 자두 꽃은 비바람이 불어 떨어질까 걱정이고 들판의 작은 시냇가에 핀 냉이 꽃은 오히려 비바람을 두려워하지 않고 일제히 피었다.


   소서에 '代人賦'라고 한 것은 작가가 다른 사람을 대신하여 사를
지었다는 의미이거나 타인의 어투로 사를 지었다는 것이다. 마지막
두 구절은 인생의 철학을 보여준다. 성안에 핀 아름다운 복숭아와 자두
는 사람들의 사랑을 받지만 비바람에 지는 것을 두려워하고 들판에
핀 작은 꽃은 사람들의 사랑도 받지 못하지만 자연을 이겨내고 봄을
오래 동안 간직하고 있다. 그러므로 '城中桃李愁風雨, 春在溪頭野薺
花.' 이 두 구절은 사람들에 의하여 오래 기억되었다

 강기(姜夔)


   姜夔(1155年－1209年)자는 요장(堯章) 호는 白石道人이다. 요주
(饒州) 파양(鄱陽) 사람이다. 어려서부터 재주가 뛰어나 이름을 날렸으
나 과거에 몇 차례 낙방하고 평생동안 관직에 참여하지 않았다. 강기는
위인이 청렴하고 강직하여 문필로 생계를 유지했다.
   그는 시 서 음악에 조예가 깊어 큰 성취를 이루었다. 현재 약 17수의
창작곡이 있으며 사곡을 기록하는 독특한 악보를 발명하여 남송음악
연구에 귀중한 자료를 제공한다.
   姜白石은 周邦彦의 전통을 계승하였으나 청신한 풍격을 창조하였
다. 특히 詠物詞에 기탁을 하였고 연상수법을 사용했다. 그의 사집으로
『白石道人歌曲』이 있다.

「揚州慢」　　姜夔

淳熙丙申至日, 余過維揚, 夜雪初霽, 薺麥彌望, 入其城, 則四顧蕭條, 寒水
自碧, 暮色漸起, 戍角悲吟. 予懷愴然, 感慨今昔, 因自度此曲, 千巖老人以爲
有「黍離」之悲也.

순희(淳熙: 1176년) 丙申 동지날 維揚을 지나다가 밤눈이 처음으로 개이고
보리가 널리 보여 그 성으로 가서 사방을 보니 맑은 대쑥 가지만 보인다.
맑고 차가운 강물 저녁이 되니 술자리의 슬픈 피리소리 들리고 가슴이 슬퍼
진다. 금석지감을 느껴 이 작품을 짓는다. 千巖老人은 망국(黍離)의 슬픔이
있다고 했다.

淮左名都, 竹西佳處, 解鞍少駐初程. 過春風十裏, 盡薺麥靑靑. 自胡
馬窺江去後, 廢池喬木, 猶厭言兵. 漸黃昏, 淸角吹寒, 都在空城.
　杜郎俊賞, 算而今, 重到須驚. 縱豆蔲詞工, 靑樓夢好, 難賦深情.
二十四橋仍在, 波心蕩, 冷月無聲. 念橋邊紅藥, 年年知爲誰生.

淮水 동쪽의 유명한 도시, 죽서정 아름다운 곳에 달안장 풀어 놓고
여정을 잠시 멈추었네. 십리 봄바람 부는 양주로를 지나니 도처에
냉이 보리 파랗게 우거졌네. 오랑캐가 장강을 넘보고 떠난 뒤 황폐한
연못가의 교목조차도 전쟁을 말하는 것 싫어하네. 황혼이 다가오니
맑은 피리소리 추위를 몰아오고 주위에는 빈 성만 쓸쓸하게 서있네.
　두목 같은 미남자가 지금 다시 놀러 와도 틀림없이 놀라리라. 사랑
을 노래한 시가 더없이 아름답고 청루에서 단꿈을 구던 그도 처량한
이 심정을 읊어내지 못하리라. 二十四橋 다리는 지금도 있지만 물결
은 흔들리고 차가운 달빛은 말이 없네. 다리 가에 핀 붉은 작약은
누굴 위해 해마다 다시 피는가?

이 작품은 孝宗 淳熙 三年에 지었다. 당시는 금나라 完顏亮이 揚州를 점령당한지 이미 16년이 되었다. 이 작품 역시 宋代의 「蕪城賦」라고 말할 수 있다. (蕪城－廣陵－江都－揚州) 『詩經, 黍離』에서는 '行邁靡靡, 中心搖搖'라 했다. 이것은 周나라 대부가 옛 서울을 지나가면서 느낀 감정을 적은 것이다.

小序에서 표현하지 않은 감정을 포착할 수 있다. 白石의 서는 절묘하며 소품이라고 할 수 있다. 이 작품의 슬픈 곳도 역시 「蕪城賦」의 賦法으로 설명하고 있다.

'淮左' 구절은 상상 속의 揚州의 번성함을 묘사한다. 杜牧의 시에 '誰知竹西路, 歌吹是揚州'[22]라고 했다. 말안장을 풀고 머물기 이전에 모두들 양주는 그림처럼 번성하다고 생각한다. 공허로 시작하여 작품의 후반부에 여지를 남겨놓았다.

'過春' 구절은 분위기가 변하여 분명히 보는 것과 상상하는 바가 완연히 다르지만 杜牧의 「贈別」 시 '春風十里揚州路, 捲上珠簾總不如'인 것과 같다. 인기척조차 보이지 않는다. 그렇지 않으면 '野菜四面'이라고 할 수 없다. 이것은 杜甫의 「春望」 시 '國破山河在, 城春草木深'의 경지와 비슷하다.

'自胡' 구절은 杜甫의 「春望」 시 '感時花濺淚, 恨別鳥驚心'의 의미와 같다. 그러나 묘사하는 각도가 다르다. 직접 묘사하지 않고 감정이 없는 사물로 전쟁을 싫어하는 것을 비유했다. 하물며 사람은 어떻겠는가? 이곳이 虛이며 작가의 뛰어난 곳이다. 陳廷焯은 이 구절이 무한한

---

22) 「題揚州禪智寺」 杜牧
　　雨過一蟬噪, 飄蕭松桂秋. 靑苔滿階砌, 白鳥故遲留.
　　暮靄生深樹, 斜陽下小樓. 誰知竹西路, 歌吹是揚州.

喪亂의 감회를 표현하며 타인의 수천마디 보다도 뛰어나다고 했다.

'漸黃'에서 '遊客至此'까지는 석양 속에서 처연한 모퉁이에 있으니 그 심정을 짐작할 만하다. 앞에서는 전쟁에 싫증이 났다. 이곳에서 또 변방의 보초자리를 언급하며 揚州는 단지 패잔병만이 남아 보초를 선다는 것을 알 수 있다. 이외에 아무도 없다. 동지가 가까운 시기에 날씨는 싸늘하고 마음조차 얼어붙었다.

'杜郎' 구절에서는 杜牧을 지적하고 있다. 작가는 두목으로 자신을 비유한다. 강기는 「鷓鴣天」에서 '東風歷歷紅樓下, 誰識三生杜牧之'[23]라고 했다.

山谷의 「過揚州賦廢陵早春」 시에 '春風十里珠簾捲, 彷佛三生杜牧之'라고 했다.

두목은 양주에서 후세의 문인들에게 극찬을 받았다. 그러므로 백석은 이를 들어 자신을 두목에 비유한 것이다.

'縱豆' 구절은 남녀의 사랑의 깊이를 묘사하는데 매우 뛰어난 구절이다. 남녀의 사랑을 묘사한 두목의 「遣懷詩」가 있다.

落魄江湖載酒行, 楚腰纖細掌中輕.
十年一覺揚州夢, 嬴得靑樓薄倖名.

'二十四' 구절은 지금은 단지 24橋만 홀로 남아있어 외로운 달빛만 비치는 것을 말한다. 二十四橋에 대하여 杜牧의 「寄揚州韓綽判官」

---

23) 輦路珠簾兩行垂, 千枝銀燭舞淒淒. 東風歷歷紅樓下, 誰識三生杜牧之. 歡正好, 夜何其. 明朝春過小桃枝. 鼓聲漸遠遊人散, 惆悵歸來有月知.

시가 있다.

> 青山隱隱水迢迢, 秋盡江南艸未凋.
> 二十四橋明月夜, 玉人何處敎吹簫.

二十四橋는 紅藥橋라고도 한다. 전설에 옛날 24명의 미녀가 다리위에서 퉁소를 연주했다. 과거에 소를 불던 여인들은 이미 떠나갔고 오늘 단지 차가운 달빛만 남아 강물은 고요히 비추고 있다.

'念橋' 구절에서 '紅藥'(芍藥, 揚州에서 가장 유명한 봄 꽃)이 아직도 있지만 사람은 완전히 다르다. 위로는 空城 등의 뜻을 받는다. 杜甫가 「哀江頭」에서 '江頭宮殿鎖千門, 細柳新蒲爲誰綠.'이라 한 것과 같은 슬픔이다.

작약은 해마다 피건만 그러나 감상할 사람이 없다. 작약은 누구를 위하여 해마다 피는가? 대비법과 상상을 사용하여 묘사했다. 양주의 과거와 현재를 대비했다.(과거의 번화함을 간접적으로 묘사하고 현재의 몰락함을 직접 묘사함) 또 古(杜牧) 今(白石)의 인물의 대비도 했다. 그러나 몰락한 것 중에 몰락하지 않는 것— 작약이 있다. 모든 변화 중에 변화하지 않는 것도 있는 것이다. 그러나 이것을 감상할 사람이 없다. 사실 묘사의 또 다른 변화기법이다. 더욱 슬픈 느낌을 준다.

이 사에서 平聲字가 연이어 나오는 곳은 바로 압운처이고 중요한 곳에서는 去聲만을 사용하지 않고 去上聲을 함께 사용했다. 聲情(음악성)과 詞情(내용)이 이렇게 하나가 되어 있다. 이 작품은 姜夔가 22살에 지은 것이다. 이는 신기질의 「永遇樂」에 비하여 28년이나 빠르다. 놀라운 입신의 경지라고 하겠다.

신기질은 만년에 강기와 교유했다. 강기 역시 신기질의 「永遇樂」에 화답하여 「漢宮春」을 지었다. 강기의 작품이 다소 우세한 것 같다. 작품 속에 서로 모방한 곳이 많다. 淸나라 周密은 "白石脫胎稼軒, 唯變雄健爲淸剛, 馳騁爲流宕."이라 했다. 만년에 두 사람이 유사한 점이 많음에도 불구하고 각자의 특색이 있음을 알 수 있다.

남송의 稼軒과 白石의 존재는 북송의 東坡와 淸眞의 존재와 같다. 이들의 異同을 살펴보자.

양자의 공통점은 蘇辛은 모두 호방한 경향이 있다. 그들은 흉금을 노래하고 음률을 중시하지 않았다. 그러나 周姜은 이와 반대로 음률을 중시하고 격조를 더욱 중시했다. 그러나 含蘊深厚한 기상이 충만한 것은 네 작가가 동일하다.

이와 같이 송사를 소신과 주강의 두 유형으로 나누지만 그들 네 사람들은 각각의 차이도 존재한다.

동파는 흉금이 超曠하고 稼軒은 기백이 沈雄하다. 동파는 신선이 세상에 나오는 듯한 모습이다. 가헌은 영웅이 세상을 구하려는 협사의 모습에 가깝다. 동파의 시대는 신세를 한탄한 적도 있다. 그러나 가헌의 시대는 국가가 몰락하는 지경에 있어 감정이 격앙되었다. 이것은 시대적 차이에서 오는 영향이다.

周淸眞, 姜白石 두 사람도 차이가 있다. 淸眞의 사는 화려하고 넉넉하다. 白石은 청담하고 강골이다. 청진은 沈鬱頓挫하고 벽석은 淸虛騷雅하다. 청진은 욕심이 있어 사실에 가깝고 경계가 심후하고 백석은 마음을 비워 공허에 가깝고 사품이 고결하다. 청진은 여러 가지를 경험한 후에 자연스러움에 이르고 백석은 공허함에 가깝기 때문에 한 순간에 의도가 유원하다.

夢窓은 淸眞에서 나왔고 張炎은 白石에게서 나왔다. 몽창과 장염은 각기 자신의 세계를 구축하고 있다. 청진은 법도에서 백석을 능가하고 백석은 기도에서 청진을 초월한다. 장염이 백석을 평하기를 "들판의 구름이 외로이 흘러가며 흔적을 남기지 않는다.(野雲孤飛, 居留無跡)" 라고 한 것은 단 8자로써 백석의 사풍을 완벽하게 표현한 것이다.

남송 사단은 우아함을 강조하여 雅詞는 크게 발전했다. 북송 말 万俟 詠이 처음으로 자신의 작품 중 일부를 雅詞로 분류한 이후 우아함을 숭상하는 기풍이 뒤를 이어 남송에 이르러 성행했다. 특히 黃大興가 1129년에 편찬한 『梅苑』이란 책이 나오면서 아사는 사의 주류가 되었 다. 이 책은 詠梅詞만 500여수 수록하고 있다. 당시 나라가 전쟁으로 복잡하던 시절에 운치있게 매화를 제재로 사를 지었음을 설명한다. 『梅 苑』이 나온 이후 개인의 사집에 雅자를 사용하여 이름을 짓는 일이 많아졌다. 예를 들어 鍊陽居士가 편찬한 것으로 『復雅歌詞』, 曾慥가 편찬한 『樂府雅詞』가 張孝祥의 『于湖雅詞』가 있다. 여기서는 史 達祖의 「기라향(綺羅香)」 詠春雨를 본다.

做冷欺花, 將煙困柳, 千里偸催春暮. 盡日冥迷, 愁裏欲飛還住. 驚粉 重蝶宿西園, 喜泥潤燕歸南浦. 最妨它佳約風流, 鈿車不到杜陵路.

　　　沈沈江上望極, 還被春潮晚急, 難尋官渡. 隱約遙峰, 和淚謝娘眉 嫵. 臨斷岸新綠生時, 是落紅帶愁流處. 記當日門掩梨花, 剪燈深夜語.

추위를 빚어 꽃을 괴롭히고 안개를 풀어 버들을 가둬 놓고 천리에 살금살금 봄 저물길 재촉하네. 온종일 어둑한 날에 근심스레 어디론 가 날려다 말고 날개가 무거움에 제바람에 놀라 나비는 서쪽의 뜨락

에서 잠들고 흙이 촉촉함에 좋아라하며 제비는 남쪽의 포구로 돌아
가네. 달콤한 약속이 너 때문에 어그러져 임의 수레 杜陵路에 못
오게 됐네.

자욱한 강위를 멀리 바라보니 저녁 되어 강물이 갑자기 불어 나루
터가 어디인지 찾을 길 없네. 어슴푸레 보이는 먼 곳의 봉우리는
눈물 젖은 謝娘의 아리따운 눈썹일레. 깎아지른 절벽에서 내려다보
니 신록이 푸르고 떨어진 붉은 꽃은 근심 띠고 흐르네. 기억나누나
그 때 우리는 흐드러진 배꽃 아래 대문을 닫아 놓고 등잔 심지 돋우며
밤 깊도록 얘기했네(『당송사사』 송용준 유종목의 해석을 따름)

이 작품은 봄비를 노래한 영물사이다. 매 구절 비와 연관되어 있으면
서 비라는 말은 한마디도 하지 않았다. 이 사가 얼마나 함축적이고
대단하지 알 수 있다. 그러나 이렇게 겉모습이 아름다운 아사들은 어딘
가 모르게 부족한 감이 있다. 그것은 대부분 솔직하고 진지한 감정이
결핍되어 있기 때문이다. 이런 영물사에서는 기교어 치우쳐 감정이
고갈되고마는 단점이 있다. 이것은 문인사의 단점 중 하나라고 할 수
있다.

이런 雅詞 중에 남송 말에 오면서 시대적 상황과 개인적 불우함을
잘 묘사한 작품들이 등장한다. 주요 작가로는 오문영이 있다.

「齊天樂」 오문영　詠蟋蟀
庾郎先自吟愁賦, 凄凄更聞私語. 露濕銅鋪, 苔侵石井, 都是曾聽伊
處. 哀音似訴, 正思婦無眠, 起尋機杼. 曲曲屛山, 夜涼獨自甚情緖?
西窓又吹夜雨, 爲誰頻斷續, 相和砧杵? 候館迎秋, 離宮吊月, 別

有傷心無數. 幽詩漫與. 笑籬落呼燈, 世間儿女. 寫入琴絲, 一聲聲更苦

　庾郎이 과거 愁賦를 노래하는데 처량하게 속삭이는 소리 다시 듣네. 축축하게 이슬 젖은 구리 문고리 파릇한 이끼 돋은 우물가 이 모두 너의 소리 들리는 장소 애달픈 소리가 하소연 같아 그리운 임 생각에 잠못 드는 젊은 아낙은 살며시 일어나 베틀에 앉네. 병풍 위엔 산들이 굽이굽이 솟았는데 서늘한 이 밤에 혼자서 무슨 생각에 빠졌나?

　서창에 또 한바탕 몰아치는 밤 빗소리 누굴 위해 자꾸 끊길 듯 다시 들려 다듬이 소리와 장단 맞추나? 객사에서 가을을 맞고 행궁에서 달에게 소식을 묻고 마음 아픈 일들이 수 없이 많았네. (시경) 빈풍(豳風)의 칠월시를 읽으며 왁자지껄 울타리에 등불을 밝힌 세상 걱정 모르는 어린 아이들. 이 소리 옮겨다 거문고에 담으면 한 마디 한마디가 더욱 쓰라리겠네.

저자 이경규

대만대학교 중문학 박사
삼국지 고사성어연구, 중국인의 감정표현법(번역),
중국사회의 구조(번역) 등.
2001-2004 교육방송 중국어강좌 집필 및 강의
현재 강원대학교 중문과 교수

# 唐 宋 詞

**초판인쇄** 2007년 8월 14일
**초판발행** 2007년 8월 25일

**저자** 이경규
**발행** 제이앤씨

**등록** 제7-220호

132-040
서울시 도봉구 창동 624-1 현대홈시티 102-1206
TEL (02)992-3253 ┃ FAX (02)991-1285
e-mail, jncbook@hanmail.net ┃ URL http://www.jncbook.co.kr

ISBN 978-89-5668-534-2 93720 ┃ 정가 11,000원

.